遇见

大学城

苏娜 编著

YNK 云南科技出版社
·昆明·

图书在版编目（CIP）数据

遇见大学城 / 苏娜编著 . -- 昆明 : 云南科技出版
社 , 2025. 1. -- ISBN 978-7-5587-6265-9

Ⅰ . G649.28-49

中国国家版本馆 CIP 数据核字第 2025HV1093 号

遇见大学城

YUJIAN DAXUECHENG

苏 娜 编著

出 版 人：温 翔
责任编辑：黄文元
特约编辑：陈赫蓉
封面设计：李东杰
责任校对：孙玮贤
责任印制：蒋丽芬

书 　 号：ISBN 978-7-5587-6265-9
印 　 刷：三河市嵩川印刷有限公司
开 　 本：710mm×1000mm 　 1/16
印 　 张：10
字 　 数：142千字
版 　 次：2025年1月第1版
印 　 次：2025年1月第1次印刷
定 　 价：49.00元

出版发行：云南科技出版社
地 　 址：昆明市环城西路609号
电 　 话：0871-64192481

FOREWORD 前言

　　大学，不仅是人才培养的核心阵地，更是青少年追逐梦想、实现自我价值的神圣殿堂。

　　对于怀揣梦想的青少年而言，大学仿若屹立于高山之巅的宏伟宫殿。这里不仅有丰富的学科知识宝藏等待挖掘，还拥有成就人生的宝贵资源。踏入大学，青少年们能汲取知识能量，感受丰富资源，为人生开启加速模式，朝着期望的方向奋勇前行。

　　当今社会经济飞速发展，教育的重要性愈发凸显，人们对教育的关注和投入不断增加。无数青少年历经十数年苦读，只为迈入心仪的大学，接受更专业、更全面、更系统的高等教育，为人生画卷添彩。大学不仅是知识的殿堂，更是塑造人格、培养能力的熔炉。

　　在此背景下，为帮助广大青少年了解我国各所大学，我们精心编写了《遇见大学城》一书。本书以"了解大学、走进大学、感受大学"为主题，广泛收集资料，挖掘大学的独特魅力。

　　书中简略介绍了大学的发展历史。了解发展历史，能让青少年更好地理解大学文化底蕴和精神内涵，感受传承与创新。其中校志校训更是大学的灵魂，是精神支柱，激励着学子奋发向上、追求卓越。比如清华大学"自强不息，厚德载物"，北京大学"爱国、进步、民主、科学"，都蕴含着丰富的价值追求。

　　优秀校友是大学的骄傲。每所大学都曾培养出众多杰出人才，他们在不同领域取得卓越成就。介绍优秀校友的奋斗历程和成功经验，能激励青少年努力学习，追求梦想。

　　在校园氛围方面，先进的实验室设备、顶尖的科研团队以及丰富的学术资源交相辉映，为学生们打造出广阔的学习与发展空间。凭借这些优势学科的强力引领，大学能持续推动科技创新和学术进步，源源不断地培养出一批又一批专业人才。

　　校园风采也是大学魅力的重要体现。大学的校园建筑风格各异，有的古朴典雅，充满历史韵味；有的现代时尚，展现出创新与活力。古老的教学楼见证了岁月的沧桑，承载着一代又一代学子的梦想；现代化的图书馆则是知识的宝库，为学生们提供了安静的学习环境。校园中的花园、湖泊、林荫道等景观，为学生们提供了休闲放松的场所，让他们在紧张的学习之余，能够尽情享受大自然的美好。

学术专长着重于大学的优势学科项目。每所大学皆具有独特的优势学科，似璀璨明珠在学术天空闪耀。理工科强校在工程学等领域实力强大，文科强校的历史等学科底蕴深厚。悠久传统、卓越师资与丰富氛围，助力学生感受人文魅力，增强专业技能。

本书采用"全国各省大学"编写理念，通过对各省大学进行归类总结，让青少年更加系统地了解我国不同地区的高等教育资源。

为增强本书的可读性和趣味性，书中采用浅显易懂的文字编写，从而激发青少年阅读兴趣。本书是一本专为青少年编写的"大学"科普读物。通过阅读，青少年能够深入了解我国各所大学，确立奋斗目标，朝着心仪大学迈进。在这个过程中，他们将收获知识、启迪智慧、激发梦想，在大学殿堂绽放光彩。

希望读者喜欢这本诚意之作，在书中文字的带领下，开启充满趣味的大学之旅，收获感动和惊喜。大学是梦想摇篮、希望灯塔，让我们携手共进，在大学海洋中畅游，为实现中华民族伟大复兴的中国梦而贡献力量。

目录

CONTENTS

CONTENTS

CONTENTS

遇见大学城

清华大学

综合类　"211工程"　"985工程"　"双一流"

　　清华大学，成立于1911年，初称"清华学堂"。翌年更名为"清华学校"。1925年设立大学部。经历迁徙与重建，清华大学已成为全球知名的高等学府，学校的校训是"自强不息，厚德载物"。这句话鼓励学子追求卓越，培养品德。

优秀校友

　　清华大学拥有许多在各领域卓有成就的杰出校友。比如，气象科学奠基人竺可桢，为中国现代气象事业开辟新天地；桥梁工程巨匠茅以升，主持修建了中国第一座现代化大桥——钱塘江大桥；"两弹一星"元勋钱学森、邓稼先，以卓越贡献铸就国防科技丰碑。

校园氛围

　　清华大学以创新精神合作学习和学术自由而著称，很多学生和老师会参与到不同学科的项目中。例如"智能制造与机器人技术"项目，涉及机械工程、计算机科学、人工智能等多个学科。师生们可以在这些项目中与不同背景的同学和教授合作，从而推动技术的融合与创新。

校园风采

　　校园里也有许多美丽的景点。清华学堂是清华大学极为古老的建筑之一，建于1911年。它的古典建筑风格和庄重气氛体现了学校的悠久历史。现在，它依然是学校重要的文化遗址和活动场所。另一个美丽的地方是"水木清华"，湖水清澈，垂柳依依，荷花绽放。北岸工字厅古朴，西边朱自清雕像庄重。这里自然与文化相融，令人流连忘返，承载了许多清华学子的美好回忆。

学术专长

　　在学术方面，清华大学的工程学科在国际上享有很高的声誉。学校的"清华大学脑与智能实验室"在人工智能领域开发了新的算法和模型，这些研究成果在自动驾驶、智能医疗等领域得到了广泛应用。清华大学的经济管理学科同样非常有影响力，特别是"清华经管学院"，其MBA和EMBA项目在全球排名中名列前茅，培养了许多优秀的商界人才。

　　小伙伴们，希望你们也能成为这所著名学校的一员，开启属于自己的学习与成长之旅。

北京大学

综合类　"211工程"　"985工程"　"双一流"

　　北京大学，成立于1898年，始名"京师大学堂"。之后更名为"国立北京大学"。中华人民共和国成立后，复称"北京大学"。北京大学雄踞全球顶级学府之巅，秉持"爱国、进步、民主、科学"校训，矢志于育才兴邦，引领学术风向标。

优秀校友

　　北京大学，人才辈出，铸就辉煌。例如"新文化运动旗手"李大钊、鲁迅，启民智扬人文；科技翘楚王选，激光照排技术革新传媒行业；数学奇才许晨阳，屡获国际大奖。他们以卓越成就，诠释了北大的荣耀与担当。

校园氛围

　　在北京大学，创新与跨学科研修蔚然成风。例如，"未来网络实验平台"项目，集通信、计算机、信息安全于一体，跨界携手，加速信息技术革新。又如"文化遗产数字化保护"计划，则融汇历史学、考古学与数字媒体技术，赋予传统新生。北京大学以此为基，培育专精技能人才。

校园风采

　　校园景致与学识交相辉映。"红楼"诞生于1918年，红墙黛瓦诉说着历史的厚重，新文化的火种在此燎原。"博雅塔"耸立于燕园，辽代遗韵犹存，是时间的见证者。静园草坪，随季节变换装点大地，春花秋叶绘就一幅幅生动画卷，学子们于此沉思冥想，汲取灵感。图书馆，自1898年起肩负知识传承使命，书香四溢。这些建筑与景致，不仅是视觉盛宴，更是北京大学精神的永恒载体。

学术专长

　　在学术研究层面，北京大学以其深厚的文理底蕴闻名遐迩。医学部"精准医疗中心"基因编辑成果斐然，开辟遗传病治疗新途径。理科院"量子计算所"深耕信息科技，前瞻布局量子时代。环境学院气候小组，剖析全球变暖，助力绿色转型。这些前沿项目的开展，不仅展现了北京大学的科研实力，也为人类社会的可持续发展贡献力量。

　　朋友们，愿你们也能踏入这片知识的圣殿，让梦想在这里发芽，编织成长的辉煌篇章。

中国人民大学

综合类 "211工程" "985工程" "双一流"

中国人民大学，成立于1937年，初称"陕北公学"。1950年，更名为"中国人民大学"。中国人民大学被誉为"我国人文社会科学高等教育领域的一面旗帜"。校训"实事求是"激励着一代代师生实事求是，致力于学术与道德的双重卓越。

优秀校友

中国人民大学拥有了许多在各领域卓有成就的杰出校友。比如，卫兴华，被誉为"人民教育家"；知名企业家刘强东书写了从零到亿的商业神话。他们为社会的进步和繁荣添砖加瓦，展现了中国人民大学育人的卓越成果。

校园氛围

在中国人民大学，跨学科融合与创新能力备受推崇。"智能社会治理实验室"联合公管、AI、数据分析精英，探索科技驱动的社会治理优化路径；"全球环境治理"项目集结环境、外交、经济专家，共创绿色可持续方案。两大项目旨在锻造学生跨域视野及解决复杂难题能力，为其职业道路奠定基础。

校园风采

中国人民大学校园内亦不乏令人赞叹的景观。其中，"明德楼"作为标志性建筑矗立中央，融合现代设计与传统文化精髓，见证着学校的蓬勃发展。而"静园"则是一处幽静之地，古木参天，

小径蜿蜒，春日樱花烂漫，秋时枫叶如霞，四季变换赋予其无尽魅力，成为学子们休闲放松的理想之所，每一砖一瓦都蕴含着浓厚的人文气息，它们共同编织出一幅幅动人的校园画卷。

学术专长

在中国人民大学，人文社科研究展现出卓越实力。法学院的"国家治理现代化协同创新中心"深入探讨依法治国方略，为国家治理体系提供智力支持。信息学院的"数据工程与知识服务重点实验室"推动了智慧城市建设和数字经济的发展。商学院MBA项目多次在全球排名中获得佳绩，为社会输送了一批又一批兼具专业素养与社会责任感的商界精英。

期待各位加入这片学术热土，播种梦想，收获成长，齐绘未来蓝图。

中国传媒大学

综合类 "211工程" "双一流"

中国传媒大学,成立于1954年,初称"北京广播专科学校"。1959年升格为"北京广播学院"。2004年正式定名为"中国传媒大学"。岁月流转,学校已跃居全球传媒教育前沿,校训"立德、敬业、博学、竞先",引领师生砥砺前行,共铸辉煌篇章。

优秀校友

中国传媒大学孕育了众多传媒界的杰出人才。比如,央视著名主持人白岩松、康辉,他们以锐利视角与深厚底蕴,传递着时代的脉动;央视主持人欧阳夏丹,温婉大气,洞察社会,是新闻楷模。这些杰出校友在传媒舞台上大放异彩,为传媒的发展作出了重要贡献。

校园氛围

中国传媒大学,倡导跨界融合与实践创新,学生们积极参与各类跨学科项目。如"新媒体艺术与传播"研究计划,汇集了艺术设计、信息技术、文化传播等多领域知识。师生协力开拓传媒新境,创意与学术相得益彰,完美演绎"知行合一"教育精髓,为传媒界创新添砖加瓦。

校园风采

漫步于中国传媒大学校园,每一隅皆蕴藏着故事与风情。"1号楼"以其古朴典雅之姿述说着校史传奇,"48号楼"成为传媒领域尖端实践与理论探索的前沿阵地,"传媒博物馆"珍藏了数不尽的影像资料与历史物件,每一件展品都在细语传媒行业的演变轨迹,让每一位参观者都能从中窥见过去,思考当下,展望未来。三处景致各具风采,共同织就了中国传媒大学的文化经纬。

学术专长

中国传媒大学在传播与新媒体研究领域独树一帜。其"国家传播创新研究中心"深化信息流动研究,赋能国家文化传播。"超高清视音频制播呈现国家重点实验室"研发高精度图像处理算法及沉浸式音效系统,领跑视听科技,创新算法,优化赛事直播、影视制作效果。广告品牌研究所精准把握市场脉搏,助推行业升级,彰显中国传媒大学科研实力与社会贡献。

同学们,欢迎你们踏入这充满希望的大学殿堂,在此开启独特学习之路,共绘绚丽蓝图,收获知识与成长。

北京邮电大学

理工类　"211工程"　"双一流"

北京邮电大学，成立于1955年，初称"北京邮电学院"。1993年，更名为"北京邮电大学"。历经岁月洗礼，已成为国内信息通信领域的知名学府，学校的校训是"厚德博学、敬业乐群"。这句话激励着师生们涵养品德、敬业奉献。

优秀校友

北京邮电大学培育了大批信息通信领域的翘楚。如中国移动王建宙实现从跟跑到领先的重大转变，巩固了我国在全球移动通信行业的地位。这些杰出校友的非凡成就，为国家信息化建设注入了强大的动力。

校园氛围

在北京邮电大学，创新与实践精神蓬勃发展。"5G通信技术创新实验室"汇聚了通信工程、电子科学、计算机等多学科人才，共同探索新一代通信技术的发展。"物联网应用研究中心"则整合了不同专业的师生力量，推动物联网技术在各个领域的应用，为未来的职业发展奠定了基础。

校园风采

漫步于北京邮电大学校园，处处充满着科技与人文的气息。"明光楼"，北邮灵魂地标，历久弥新，融汇古今设计精髓，展现学校进取姿态。"逸夫图书馆"侧畔广场，季节轮回演绎自然交响乐章：春樱绽放，生机盎然；夏树浓荫，清凉宜人；秋风送爽，落叶织锦；冬雪覆顶，银白世界。此地不仅是学子闲暇之所，更是浓缩校园文化精华。

学术专长

北邮锐意创新，信息科技硕果累累。"北邮——华为联合创新中心"聚焦5G及未来网络关键技术，赋能智慧城市、工业互联网等行业转型升级，特别是在网络安全、大数据分析等方向，多项专利技术已转化应用。"北邮信息科学与技术学院"的博士研究生教育质量享誉业界，培养了一大批领军型科研人才，活跃在国内外各大高校和高新技术企业。

同学们，期待你们加入这里，开启充满挑战与机遇的学习之旅，实现自己的人生梦想。

北京理工大学

理工类　"211工程"　"985工程"　"双一流"

北京理工大学，始建于1940年，初称"延安自然科学院"。1949年迁入北京。1952年更名为"北京工业学院"，1988年定名为"北京理工大学"。校训"德以明理、学以精工"，激励师生追求品德与学术。学校为国防工业作出卓越贡献。

优秀校友

北京理工大学拥有众多杰出人才。比如，"预警机之父"王小谟，研制国产预警机，筑牢国防安全；毛二可院士在雷达动目标检测等技术领域成就斐然，他们为国家科技进步贡献力量。

校园氛围

在北京理工大学，创新与钻研精神蓬勃发展。"智能机器人创新实验室"汇聚机械工程、电子信息、计算机科学等多学科人才，共同探索智能机器人领域的前沿技术。"新能源材料研究中心"整合不同专业师生力量，推动新能源材料的研发与应用，为可持续发展贡献力量。

校园风采

校园处处洋溢着科技与人文的魅力。良乡校区"北湖"美不胜收。湖面宽阔，波光粼粼，四周绿树成荫。湖中有红桥飞跨，造型别致。北湖之畔，春有繁花似锦，夏有荷叶田田，秋有落叶飘舞，冬有银装素裹。中关村校区的中心教学楼庄重典雅，见证学校辉煌历史。校史馆内，陈列丰富，展示学校发展历程。这些景点和建筑不仅是校园美景，更承载着北理学子的青春回忆与文化传承。

学术专长

北京理工大学在理工科领域成就非凡。"先进制造技术创新中心"积极探索智能制造与精密加工等关键技术，为高端制造业的转型升级注入了强大动力。"宇航学院"在航天航空领域持续创新，培养出众多优秀的航天专业人才，为我国航天事业的蓬勃发展贡献出卓越力量。其兵器科学与技术等学科更是在全国乃至全球范围内享有盛誉。

小伙伴们，期待你们的加入，在这里开启学习之旅，铸就属于自己的辉煌人生。

北京航空航天大学

理工类　"211工程"　"985工程"　"双一流"

　　北京航空航天大学,成立于1952年,初称"北京航空学院"。1988年,学校更名为"北京航空航天大学"。经历多年发展,已成为国内外享有盛誉的高等学府。学校的校训是"德才兼备、知行合一",激励着师生们将知识与实践紧密结合。

优秀校友

　　北京航空航天大学拥有众多杰出人才。比如,中国载人航天工程总设计师王永志,带领团队实现我国载人航天的重大突破;神舟飞船首任总设计师戚发轫为我国航天事业立下汗马功劳,他们为国家科技进步贡献了强大力量。

校园氛围

　　在北京航空航天大学,创新与探索精神蓬勃发展。"航空发动机研究院"汇聚航空动力、机械制造、材料科学等多学科人才,共同探索航空发动机领域的前沿技术。"智能飞行器创新中心"整合不同专业师生力量,推动智能飞行器的研发与应用,为航空领域的发展奠定了坚实基础。

校园风采

　　校园深处蕴藏着诸多绮丽景致。"晨兴音乐厅"古雅矗立,建于2009年,哥特风貌映照历史长河。目前仍为文化盛事之重镇,涵育艺术气息。移步换景至知行湖,湖面波光粼粼,周围被茂密的树木环抱,形成一幅宁静和谐的画面。横跨湖上的"思源桥",犹如一条精致的丝带,连接着两岸,涓涓细流诉说着光阴的故事。在这里,每一缕清风都见证着北航人对未来无限可能的憧憬。

学术专长

　　北航领航科技创新,多学科交叉融合势不可挡。"智能无人系统研究中心"汇聚航空、人工智能、材料科学精华,驱动尖端技术迭代升级。"绿色能源与环境工程实验室"则联袂化学、物理、生态学领域,致力于清洁能源解决方案,守护地球家园。北京航空航天大学以实践育人,铸就卓越工程师摇篮。精进学术,赋能未来,于此铺陈航空航天新纪元。

　　朋友们,期待你们的加入,共同书写学习篇章,踏上一段充满探索与成长的精彩旅程。

北京外国语大学

语言类 "211工程" "双一流"

北京外国语大学，成立于 1941 年，初为"中国人民抗日军政大学三分校俄文队"。1954 年，更名为"北京外国语学院"。1994 年，正式更名为"北京外国语大学"。学校的校训是"兼容并蓄、博学笃行"，激励着师生们在文化交流中不断前行。

优秀校友

北京外国语大学培育出诸多精英。傅莹曾任外交部副部长，以机智言辞和优雅外交风范，于国际舞台展示中国风采；知名主持人何炅凭借卓越表达力和控场能力，为观众带来欢笑与感动；著名媒体人杨澜，其主持的节目为国家文化传播添砖加瓦。他们在各自领域为文化交流作贡献。

校园氛围

北京外国语大学注重跨学科研究和创新精神的结合。例如，"一带一路"语言与文化数据库建设项目旨在增进国家间的相互理解和交流合作。"智能翻译与跨文化交流实验室"旨在突破机器翻译的技术瓶颈，由不同专业背景的师生开展深度合作，让每位学子都能在这里发现自我潜能。

校园风采

在北京外国语大学，亦不乏令人流连忘返的景致。静谧的"逸夫楼"作为校内标志性建筑之一，其典雅的欧式设计与周边葱郁的绿化交相辉映。另一处不可错过的景致便是"樱花大道"。在春季，千株樱花竞相绽放，美不胜收，成为校园中最浪漫的一道风景线。每当微风吹过，花瓣飘落，如同一场视觉盛宴，吸引了无数师生驻足欣赏，也成为北外人共同的记忆片段，见证着一代代学子的成长。

学术专长

北京外国语大学引领语言创新，多学科融合成果斐然。"语言智能与大数据实验室"结合语言学、计算机科学等领域，推动语言学习与研究的智能化发展。"跨文化研究中心"联袂社会学、心理学、语言学等学科，致力于促进不同文化间的理解与融合。北京外国语大学以语言育人，搭建国际交流桥梁。

朋友们，期待你们开启学习路，遨游知识海，勇攀高峰，收获成长，共赴美好未来。

北京体育大学

体育类 "211工程" "双一流"

北京体育大学,成立于1953年,原名"中央体育学院"。1956年更名为"北京体育学院"。1993年更名为"北京体育大学"。历经多年发展,已成为国内外知名的体育高等学府。学校的校训是"追求卓越",这四个字激励着师生在体育领域不断超越自我。

优秀校友

北京体育大学拥有众多杰出人才。中国首位奥运冠军许海峰在1984年洛杉矶奥运会上夺得男子手枪60发慢射金牌,实现中国奥运史上金牌零的突破;两届奥运会跆拳道冠军陈中为中国跆拳道项目的发展作出巨大贡献。他们在体育赛场上为国家赢得了荣誉。

校园氛围

在北京体育大学,跨学科创新研究与实践教学并举。例如"运动健康数据分析平台"项目,融合体育科学、生物医学与数据科学,致力于个性化训练方案的制定;"虚拟现实运动体验中心"则集成心理学、计算机图形学,开创沉浸式体育培训新模式。北京体育大学借此强化实战能力,塑造全面发展的人才。

校园风采

北京体育大学有众多特色建筑。教学楼是单体建筑面积最大的建筑,呈"回"字形,造型新颖,设施先进。体育馆建于1989年,曾获"鲁班奖",由多馆组成,是亚运会拳击比赛场地。游泳馆建于1957年,建筑风格独特,内有标准泳道,经改造后更具现代气息。气膜冰球馆2018年落成,面积大,功能全,空气过滤系统顶级。

学术专长

北京体育大学在体育科技领域持续引领创新潮流。其"智慧体育研究中心"聚焦大数据分析、运动生物力学等前沿技术,研发新型训练监控系统,显著提升了运动员表现与伤病预防效果。"体育康复工程实验室"深入探索人工智能辅助康复设备,有效促进运动损伤后的恢复进程,相关成果已广泛应用于国家队训练营及各大体育俱乐部,赢得了业界高度赞誉。

同学们,期待你们于此开启学习之旅,以勤为径,探索求知,收获智慧与成长。

中国农业大学

农林类 | "211工程" | "985工程" | "双一流"

中国农业大学，成立于 1905 年，初称"京师大学堂农科大学"。1949 年，由多家学院合并为"北京农业大学"。1985 年，更名为"北京农业工程大学"。1995 年 9 月，再次合并为"中国农业大学"。学校的校训是"解民生之多艰，育天下之英才"，这句话激励着师生为农业发展和民生福祉不懈奋斗。

优秀校友

中国农业大学拥有众多杰出人才。李振声在小麦远缘杂交育种等方面取得重大成果；傅廷栋在油菜杂种优势利用领域成绩斐然；动物遗传育种学家吴常信在动物遗传育种领域取得卓越成就。这些校友为保障国家粮食安全、促进乡村繁荣作出了重大贡献。

校园氛围

中国农业大学倡导跨学科学习与创新实践。例如，"智能植保无人机研发计划"旨在打造高效精准的农田管理系统；"绿色食品供应链优化"联动农产品加工、物流管理及环境科学力量，探索食品安全与环保并重的新路径。中国农业大学师生跨越学科界限，携手同行，共促农业科技革新与应用。

校园风采

中国农业大学校园内蕴藏着诸多令人流连忘返的景观。"神农广场"是最具代表性的地标，中央耸立的神农雕像，默默守护着这片知识的沃土。不远处的"生命湖"碧波荡漾，倒映着周边郁郁葱葱的生命科学楼群，形成一幅生动的生态画卷。这些地方承载着农大人对绿色未来的憧憬与承诺。

学术专长

中国农业大学在农业科技领域持续引领创新潮流。"智慧农业研究中心"着力于农业遥感与精准灌溉技术研发，成功开发出高精度作物生长监测系统，显著提升资源利用效率。"食品安全与营养工程中心"深入探究天然产物活性成分，研制出系列健康功能食品，广受市场好评。这些科技成果的应用展现了中国农大在现代农业与食品科学领域的深厚底蕴。

同学们，愿你们在这里开启学习航程，心向阳光，无畏前行，收获满满硕果。

中央民族大学

综合类　"211工程"　"985工程"　"双一流"

中央民族大学，成立于 1941 年，初称"延安民族学院"。1951 年，更名为"中央民族学院"。1993 年，更名为"中央民族大学"。学校的校训是"美美与共，知行合一"，它激励着师生为民族团结和民族文化传承不懈努力。

优秀校友

中央民族大学拥有众多在多元领域绽放光芒的优秀校友。比如，宋祖英在民族音乐领域成就卓著，她的歌声传播了民族文化的魅力；韩庚在演艺界积极展现民族风采，促进了文化交流。他们以各自的成就为母校增添光彩，激励着学子们追求卓越。

校园氛围

中央民族大学鼓励跨学科研究与合作。例如，"民族文化大数据分析"计划，整合社会学、信息技术与民族学知识，深度挖掘民族文化内涵；"跨境民族关系与政策研究"课题剖析区域稳定与发展策略。这些项目促使民大师生跨越专业界限，践行"知行合一"的教育理念。

校园风采

校园内，人文与自然景观交相辉映。"民族团结雕塑园"位于校园核心地带，汇集全国 56 个民族的精美雕塑，每一尊都讲述着独特的民族故事，成为促进民族了解与团结的重要平台。另一处不可错过的景致是"荷花池"。夏日里，荷叶田田，莲花争艳，吸引众多师生驻足观赏，池边凉亭更是读书休闲的好去处。这些景点深深烙印在每位民大学子的心中，成为他们珍贵的记忆。

学术专长

中央民族大学在跨学科研究与科技创新方面亦展现出不俗实力。"民族医药研究中心"运用现代生物技术解析古老药方，研发新型民族药物，有效推进了中医药现代化进程。"民族语言智能处理中心"开发出多语种翻译系统，促进民族语言的交流与发展。这些科技成果的应用展现了中央民族大学在民族文化与科技融合方面的深厚底蕴。

小伙伴们，期待你们的加入，共同书写学习篇章，踏上一段充满探索与成长的精彩旅程。

北京师范大学

综合类　"211工程"　"985工程"　"双一流"

北京师范大学，成立于1902年，初称"京师大学堂师范馆"。1912年改名为"北京高等师范学校"。1923年更名为"国立北京师范大学校"。1949年改为"北京师范大学"。学校的校训是"学为人师，行为世范"，这句话激励着师生在教育领域追求卓越。

优秀校友

北京师范大学拥有无数在各界熠熠生辉的英才。比如，康震对古典文学研究深入，通过多种形式传播古典文化知识；于丹对传统文化深入解读，以通俗易懂方式传播经典智慧。他们以卓越成就彰显母校风范，激励着学子奋进。

校园氛围

北京师范大学崇尚创新合作与学术探索，师生广泛参与跨学科项目。例如，"未来教育实验室"汇聚教育技术、心理学专长，构建智慧学习生态；"中华优秀传统文化传承与创新中心"融合历史学、艺术学视角，深挖文化精髓。这些项目共同书写教育与文化发展的新篇章。

校园风采

校园内的历史遗迹与自然风光交织成一幅幅动人的画卷。英东学术会堂作为校内标志性建筑，成为学术交流的重要舞台。"京师钟楼"始建于1928年，钟声悠扬，仿佛诉说着百年的风雨历程。勺园小桥流水，假山叠翠，尽显江南园林雅趣。"木铎广场"中央矗立的"木铎雕像"寓意着师者传道授业解惑的神圣使命，成为师生心中永恒的精神地标。

学术专长

北京师范大学跨学科研究与科技创新齐头并进。"脑与认知科学研究院"在神经影像分析方法上推陈出新，其研究成果助力于精准医疗，尤其是在阿尔茨海默病早期筛查领域成效显著。同时，"环境模拟与污染控制国家重点实验室"聚焦环境污染治理关键技术，有效改善空气质量。这些前沿科技成果不仅巩固了北京师范大学的学术地位，更为解决实际问题提供了有力支撑。

同学们，大学画卷正展开。期待你们在此开启学习之路，书写绚丽篇章。

北京科技大学

理工类 "211工程" "双一流"

北京科技大学,成立于1952年,初称"北京钢铁工业学院"。1960年,更名为"北京钢铁学院"。1988年,更名为"北京科技大学"。学校的校训是"求实鼎新",这四个字激励着师生在科学研究和学术创新中不断追求卓越。

优秀校友

北京科技大学拥有众多杰出校友。比如,刘玠在钢铁企业管理与技术创新方面成就显著,推动了钢铁行业的现代化发展;胡正寰在轴类零件轧制技术领域取得重大突破,提高了生产效率和产品质量;谢建新在金属材料制备加工领域成果丰硕,为新材料研发作出重要贡献。

校园氛围

北京科技大学积极推动跨学科研究与创新。"新能源材料与器件研究所"旨在解决能源转换与储存的技术瓶颈。北科大提倡的"科教融合、产教结合"教育模式,鼓励师生深入产业一线,不仅加速了科研成果的应用转化,还有效提升了学生的实践能力,展现了高等教育的活力与担当。

校园风采

北京科技大学校园内,每一处景致都蕴藏着独特的魅力与故事。"求是广场"作为校园的中心地带,中央矗立的雕塑《求索》,寓意着北科学子对知识的渴望与追求。"逸夫楼"庄重典雅,是学校的标志性建筑之一。"银杏大道"在秋季一片金黄,美不胜收,成为校园中最亮丽的风景线。还有那宁静的"万秀园",绿树成荫,湖水荡漾。这些地方承载着北科大学子的美好回忆。

学术专长

北京科技大学在新材料与高端制造领域展现了其卓越的研究实力。"新材料技术国家重点实验室"不断突破传统材料性能极限,大幅提升了我国航空器的安全性与能效比。"智能制造与自动化研究中心"通过集成人工智能与大数据分析技术,成功打造了多条高效率、低能耗的智慧生产线。这些科研成果为国家创新驱动发展战略注入了强劲动力。

小伙伴们,大学门开等你来,期待学习路展开,知识采梦想栽,努力迈未来彩。

13

北京交通大学

理工类 "211工程" "双一流"

北京交通大学，成立于 1896 年，初称"北京铁路管理传习所"。历经多次改名，1950 年曾更名为"北方交通大学"，毛主席题写校名，茅以升任校长。2003 年恢复为"北京交通大学"的校名。学校的校训是"知行"，这两个字激励着师生在实践中不断探索前行。

优秀校友

北京交通大学拥有诸多杰出校友。比如，简水生在光纤通信与光电子器件领域成就非凡，研发出多项关键技术；宁滨在智能交通系统等方面成果丰硕，推动了交通领域的智能化发展。他们用自己的行动诠释了北交大学子"知行合一"的精神风貌。

校园氛围

在北京交通大学，跨学科交叉的科研项目蓬勃发展。"未来轨道交通技术创新中心"攻克高速磁悬浮列车的关键技术难题。北交大倡导的"工科 +X"教育模式，鼓励不同学科背景的师生紧密协作，提升解决复杂问题的能力，为培养适应未来社会发展需要的高素质人才奠定了坚实的基础。

校园风采

校园风光融合了传统韵味与现代气息。"思源湖"宛如一颗镶嵌在绿色海洋中的明珠，湖水清澈，倒映着周边古朴典雅的教学楼，形成一幅动静相宜的和谐画面。"世纪钟"庄重古朴，每逢整点，悠扬的钟声回荡在校园上空。"银杏大道"，每至深秋时节，金黄的叶片铺满道路两旁，这里是摄影爱好者的天堂。

学术专长

北京交通大学立足科技创新，致力于前沿技术研发。"国家轨道客车工程技术研究中心"突破性地研发了高速磁悬浮列车关键技术，显著提升了中国轨道交通的核心竞争力。"新一代移动通信技术"研制出适用于 5G 网络环境下的高精度定位技术。此外，该校在新材料、节能环保等方面亦有多项重大科研成果问世，彰显了高水平研究型大学的实力与风采。

学子们，愿你们于此踏上学习征程，专注探索，奋进不止，闪耀青春光芒。

中央财经大学

财经类　"211工程"　"双一流"

中央财经大学，成立于 1949 年，初称"华北税务学校"。1952 年更名为"中央财经学院"。1996 年，更名为"中央财经大学"。历经多年发展，已成为知名的财经高等学府。学校的校训是"忠诚、团结、求实、创新"，激励着师生在财经领域追求卓越。

优秀校友

中央财经大学拥有诸多杰出校友。比如，王广谦在金融理论与政策研究方面成果丰硕，为金融政策制定提供了重要参考；李金华在审计领域贡献突出，推动了审计工作的规范化和现代化；刘姝威对上市公司财务分析有深入研究，其观点对市场监督有积极影响。

校园氛围

中央财经大学积极推动跨学科研究与合作。例如，"金融科技与数字经济研究中心"整合金融学、计算机科学等多学科知识，探索金融创新与数字经济发展路径；"绿色金融与可持续发展研究院"聚焦绿色金融政策与实践，助力经济可持续发展。中财大师生积极参与前沿研究，践行校训精神。

校园风采

中央财经大学的校园景观别具魅力。"博学楼"典雅的外观与浓厚的文化气息，成为中财大不可或缺的一部分。校园中心的"汇贤园"巧妙融合了中式传统与现代元素，四季变换间展现不同的韵味。"骋望楼"气势恢宏，是学校的标志性建筑之一。"龙马雕塑"寓意着中财大学子积极进取的精神风貌。园内古木参天，碧波荡漾，石径通幽，每一处都透露着和谐之美。

学术专长

中央财经大学在前沿科技研究与应用方面亦展现了卓越实力。"金融科技创新实验室"深耕区块链、云计算等尖端技术，被广泛应用于供应链融资、跨境支付等场景。"数字经济与数字治理研究所"利用大数据分析技术精准识别市场趋势，辅助政府制定科学合理的宏观调控策略。这些成就为国家经济社会高质量发展注入了强大动能。

莘莘学子，盼你们开启智慧之旅，勤奋学习，积极探索，用心去钻研，梦想花盛开。

中国石油大学（北京）

理工类 "211工程" "双一流"

中国石油大学，成立于 1953 年，初称"北京石油学院"。1969 年，更名为"华东石油学院"。1988 年，更名为"石油大学"。2005 年，更名为"中国石油大学"。学校的校训是"厚积薄发，开物成务"，这句话激励着师生在石油领域不断探索前行。

优秀校友

中国石油大学拥有众多杰出校友。被誉为"新时期铁人"的王启民为大庆油田高产稳产作出卓越贡献；王德民院士极大地提升了国内油田的开采效率。这些校友在各自岗位上发光发热，他们以实际行动展现了石大学子们的拼搏精神和专业素养。

校园氛围

中国石油大学积极推动跨学科科研项目的开展。"新能源材料与储能技术"项目汇聚化学工程、材料科学、物理学等领域的专家，旨在研发高效能源存储解决方案。师生团队通过紧密合作，助力清洁能源产业革新，提升解决复杂问题的能力，培养适应未来能源转型需求的复合型人才。

校园风采

校园内蕴藏着诸多让人沉醉的景致。古朴典雅的工科楼群，自 20 世纪 50 年代起便屹立于此，见证了学校从成立到繁荣的历史变迁。"清泉公园"犹如一颗镶嵌在钢筋水泥森林中的翡翠明珠，清澈的溪流穿石过隙，树木苍翠欲滴。"红旗操场"宽敞整洁，是学生们进行体育活动的主要场所。"荟萃湖"的湖水清澈，湖畔绿树成荫，是师生们休闲散步的好去处。

学术专长

中国石油大学在能源科技领域展现出非凡实力。"油气资源与探测国家重点实验室"深耕地下储层精细描述技术，精准定位深海油气藏，开创海洋能源新时代。"非常规油气资源研究中心"率先攻克页岩气高效开发难题，极大丰富了全球清洁能源供给。这些领先世界的科研成果，彰显了中国石油大学在能源领域持续创新的能力与责任担当。

学子们，大学世界已敞开怀抱。期待你们于此开启学习之旅，勇攀高峰，追逐梦想之光。

对外经济贸易大学

财经类　"211工程"　"双一流"

对外经济贸易大学，成立于1951年，初称"中央人民政府贸易部高级商业干部学校"。1954年，更名为"北京对外贸易学院"。1984年，更名为"对外经济贸易大学"。学校的校训是"博学、诚信、求索、笃行"，它激励着师生在学术和实践中不断进取。

优秀校友

对外经济贸易大学孕育了许多杰出校友。比如，中国商务部前部长石广生在推动中国加入世贸组织的过程中发挥了决定性作用；屠新泉在世界贸易组织研究方面成果丰硕，为我国参与国际贸易规则制定提供智力支持。这些校友为社会进步与经济发展作出了突出贡献。

校园氛围

对外经济贸易大学鼓励跨学科学习与实践创新。"数字丝绸之路"共探全球化背景下数据流通与经贸规则。"一带一路"共建国家投资环境评估课题，汇集政、产、学、研各界专家，共同剖析海外投资风险。这一系列跨学科项目为培养具有国际视野的复合型人才奠定了坚实基础。

校园风采

校园内有诸多令人流连忘返的景致。"汇贤楼"作为学校的标志性建筑，见证了贸大的发展历程，其典雅的欧式设计与现代元素相得益彰。"博学湖"湖畔书声琅琅，倒映着莘莘学子的梦想与希望。四季变换赋予了"梧桐大道"无尽的生命力与故事感，漫步其间，仿佛能听见岁月轻语。"诚信楼"前广场宽敞整洁，承载着贸大学子的青春记忆。

学术专长

对外经济贸易大学在科技融合与商学教育领域屡创佳绩。"UIBE金融科技研究院"聚焦区块链与金融安全关键技术，研发出的信用评价体系已应用于多家金融机构。"全球化与数字经济研究中心"致力于探索新兴市场的数字化转型路径，其发布的《数字经济白皮书》为政府决策提供了有力支撑。这些成就彰显了对外经济贸易大学在前沿科技与高端商学教育上的领先地位。

学子们，学海无涯苦作舟，此地扬帆起航，勤思善学，勇往直前，青春因奋斗而辉煌。

中国政法大学

政法类　"211工程"　"双一流"

中国政法大学，成立于 1952 年，初称"北京政法学院"。1970 年停办，1978 年复办，仍称"北京政法学院"。1983 年，更名为"中国政法大学"。学校的校训是"厚德、明法、格物、致公"，这八个字激励着师生在法学领域不断探索前行。

优秀校友

中国政法大学拥有无数杰出校友。比如，被誉为"中国民法之父"的江平对民法体系的建设与发展作出了开创性贡献；陈光中在刑事诉讼法学方面成果丰硕，推动了我国刑事诉讼制度的完善。这些杰出校友为法治文明进步贡献了自己的力量。

校园氛围

中国政法大学积极推动跨学科研究与合作。例如，"法治与文化研究中心"整合法学、历史学、哲学等多学科知识，深入挖掘了法治文化内涵；"互联网法治研究中心"聚焦网络空间治理，为数字时代的法治建设提供理论支持，法大学子积极参与前沿研究，践行校训精神。

校园风采

校园内人文景观与自然美景相得益彰。"钟楼广场"作为标志性景观，见证着法大自 1952 年以来的历史变迁。"明德湖"碧波荡漾，柳丝依依，湖心小亭静立，常吸引师生驻足休憩。图书馆东侧的"樱花林"更是春季不可错过的美景，拓荒牛雕塑象征着法大人的开拓进取精神。"宪法大道"庄重肃穆，两侧的法治名言时刻提醒着法大师生肩负的法治使命。这些校园景观承载着法大学子们的情感与梦想。

学术专长

中国政法大学在科技与法律交叉领域取得了显著成就，"互联网法治与数据治理研究中心"助力构建数字时代的法治框架。"金融科技与监管科技实验室"积极探索区块链技术在金融监管的应用，开发的风险预警系统有效提升了金融行业的透明度与安全性。"涉外法治人才培养基地"着眼于培养精通国际规则的高素质法律人才，为推进全球治理体系变革储备力量。

> 学子们，学府之门已开，愿你们勤学深思，勇攀高峰，青春在此闪耀。

北京工业大学

理工类　"211工程"　"双一流"

北京工业大学，成立于 1960 年，初建时由北京建筑工程学院、北京工业学院、北京师范大学部分学生转入，成立"北京工业大学"。此后，学校不断发展壮大。学校的校训是"不息为体，日新为道"，这句话激励着师生在学术和创新之路上不断前行。

优秀校友

北京工业大学拥有众多在各自领域崭露头角的杰出校友。例如，工业和信息化部总工程师徐晓兰推动中国制造业向智能化转型，加速了工业 4.0 时代的到来；聂祚仁在材料科学领域取得卓越成就，为我国先进材料研发作出重大贡献。这些校友以其非凡成就为科技发展作出了巨大贡献。

校园氛围

北京工业大学积极推动跨学科研究与合作。例如，"智能制造与智能服务创新中心"整合机械工程、计算机科学、管理学等多学科知识，探索智能制造与服务新模式；"城市生态与环境研究中心"为城市生态建设提供解决方案。北工大师生积极参与前沿研究，践行校训精神。

校园风采

校园有很多令人流连忘返的景致。"艺文轩"建成于 20 世纪末，外墙镶嵌着艺术家精心创作的陶瓷壁画，生动诠释了北工大对艺术与工程技术结合的追求。"博雅园"四季变换着不同的色彩，园中的小径蜿蜒曲折，串联起一座座精致的凉亭，是激发灵感的理想之所。"奥林匹克花园"绿草茵茵，鲜花争艳。"月亮湖"湖水清澈，周边绿树环绕。

学术专长

北京工业大学在前沿科技探索与技术创新方面屡创佳绩。"新能源汽车工程技术中心"研发的高性能电池管理系统延长了新能源汽车的续航里程。"新型功能材料重点实验室"研发的新一代轻质高强度复合材料提升了国产飞机的性能。"先进制造技术与自动化研究所"的高精度激光切割设备使精度达到了微米级。北工大的科技成果为经济发展注入了创新动能。

朋友们，欢迎来到知识的殿堂，愿你们在这里播种梦想，书写属于自己的精彩篇章。

中国地质大学（北京）

理工类　"211工程"　"双一流"

中国地质大学，成立于 1952 年，初称"北京地质学院"。1975 年，迁至武汉，更名为"武汉地质学院"。1987 年，成立"中国地质大学"，在京汉两地相对独立办学，校名为"中国地质大学（北京）"。学校校训是"艰苦朴素，求真务实"，这句话激励着师生在地质领域不断探索前行。

优秀校友

中国地质大学培育出了众多杰出人才。例如，中国地质力学的奠基人李四光对于中国的矿产勘探和地震预测产生了深远影响；被誉为"中国冰川之父"的张弥曼院士填补了国内冰川学研究的空白。这些校友们为人类文明进步与社会发展作出了卓越贡献。

校园氛围

中国地质大学倡导交叉融合与实践探索的教学理念。例如，"深部地球探测技术"计划，整合地质学、物理学与遥感技术，深入探究地球内部奥秘。"新能源矿物资源开发利用"研究跨越地质、化学与材料科学，探寻清洁能源新途径。这类跨学科项目充分体现了地大"厚德博学、求实创新"的育人宗旨。

校园风采

中国地质大学校园内亦不乏醉人风光。"地质博物馆"展示了丰富的地质标本和地球奥秘。"逸夫楼"庄重典雅，是学校的标志性建筑之一。湖光山色融为一体，环抱在郁郁葱葱的树林间。一座典雅的石拱桥横卧于水面上，仿佛在诉说着岁月的故事。这里是地大学子休闲放松的理想之地，也是他们青春记忆里最温馨的一页。

学术专长

中国地质大学在地质科学与环境技术领域持续引领创新潮流。"深海资源勘探研究中心"成功探索了多个未知海域的地质结构与矿产分布。"深地探测技术创新中心"研发了一系列先进的地震波解析技术和高精度地质成像系统，在全球范围内推动了深地资源的精准勘探与开发利用。这些科技成就为解决人类面临的重大环境问题贡献了智慧与力量。

书山有路勤为径，学海无涯苦作舟。愿你们在此启程，探索真知，成就非凡。

华北电力大学

理工类 "211工程" "双一流"

华北电力大学，成立于 1958 年，初称"北京电力学院"。1969 年，学校迁至河北邯郸，1970 年又迁到保定，更名为"河北电力学院"。1995 年改名为"华北电力大学"。学校校训是"团结、勤奋、求实、创新"，激励着师生在能源电力领域不断开拓进取。

优秀校友

华北电力大学培育了一批批杰出校友。比如，国家电网原董事长舒印彪引领企业成功完成多项世界级特高压输电工程；杨奇逊在电力系统继电保护领域有重大突破，其研究成果广泛应用于电力系统保护中。这些校友勇攀科技高峰，为国家建设贡献力量。

校园氛围

华北电力大学师生积极投身跨领域科研活动。"新能源智能微网"共创清洁高效能源方案；"电力大数据智能分析"课题，融汇电气工程与数据分析技术，驱动智慧电网革新。这些实践强化了团队协作与解决问题的能力，生动体现了华电"求实创新，团结奋进"的办学宗旨。

校园风采

校园内亦不乏令人流连忘返的景致。主楼前广场，雄伟庄严，中央矗立的"钟塔"记录着华电的历史脉络，"日晷"静默诉说着时间的故事。校园深处的"明湖"，碧水荡漾，湖畔垂柳依依，小径蜿蜒，是师生休闲散步、静心思考的理想之地。每当夜幕降临，灯光点缀下的图书馆，犹如知识的灯塔，照亮每一个追梦人的前行之路。这些地方承载着华电学子的梦想与希望，见证了无数学子的成长足迹。

学术专长

华北电力大学在电力科技领域展现出非凡实力。"新能源与智能电网研究所"自主研发的柔性直流输电技术与虚拟同步发电机控制策略，极大促进了可再生能源的大规模接入与高效利用。"电力信息与通信技术中心"聚焦 5G 通信在电力行业的应用探索，加速推进智慧电力基础设施建设。

欢迎踏入学术殿堂，愿你在这里深耕学问，激发潜能，成就自我，书写传奇。

中国矿业大学（北京）

理工类　"211工程"　"双一流"

中国矿业大学，创办于1909年，初为"焦作路矿学堂"，历经多次改名与迁徙。1997年定名为"中国矿业大学"，校训为"明德至善、好学力行"。它在矿业领域不断探索，为国家培养众多人才，在矿业教育中发挥着重要作用。

优秀校友

中国矿业大学孕育出了很多杰出校友。比如，袁亮院士在矿井火灾防治与应急救援技术方面取得了突破，降低了矿山安全事故的风险；陈清如院士在煤炭气化、焦炉煤气净化及利用等方面取得了一系列开创性成果。这些校友为人类福祉与地球永续发展贡献出了力量。

校园氛围

在中国矿业大学，师生共同探索多学科交叉的科研项目。"智能采矿技术"旨在打造绿色、高效的矿山作业新模式。通过这类项目，学生们得以在实践中锻炼综合技能，教师则能引领学科前沿，双方携手推动矿业科技的革新与发展，践行"学以致用、知行合一"的教学理念。

校园风采

校园内有许多美丽的景致。位于中心位置的矿大"钟楼"，晨钟暮鼓，回响着历史的厚重与文化的底蕴。图书馆宛如知识殿堂，散发着独特魅力。第一教学楼尽显现代化气息，是求知的重要场所。"中心广场"热闹非凡，周边景致宜人。操场活力满满，洋溢着青春气息。校园里繁花似锦，四季如画。树林郁郁葱葱，提供宁静氛围。这些校园景致是学子们青春记忆里的宝贵财富，见证着一代代矿大学子的成长历程。

学术专长

中国矿业大学在矿业工程与新能源科技领域展现出非凡实力。"矿山智能化研究中心"研发的先进传感器与数据分析系统，大幅提高了资源开采效率与安全性。"清洁能源转化与存储研究院"攻克了燃料电池核心技术难关，加速了氢能源商业化应用步伐。矿大培育了一批批掌握能源技术的专业人才，为推动能源革命与经济社会可持续发展作出了积极贡献。

朋友们，踏入大学校门，愿你化好奇心为动力，以勤奋铺路，开启智慧之旅，成就非凡人生。

北京中医药大学

医药类　"211工程"　"双一流"

北京中医药大学，始建于1956年，初名"北京中医学院"，是新中国最早成立的高等中医院校之一。1993年更名为"北京中医药大学"。学校秉持"勤求博采、厚德济生"的校训，为中医药事业发展培养众多人才。

优秀校友

北京中医药大学拥有许多优秀校友。王永炎在中医脑病领域成果显著，推动中医现代化；肖培根在药用植物学领域成果丰硕，推动了药用植物资源的研究与开发；田金洲在中医脑病防治方面成绩突出，其研究成果提升了脑病的中医诊疗水平。他们以杰出成就彰显北中医校友的风采。

校园氛围

在北京中医药大学，跨学科融合与创新实践蔚然成风。师生共研的"中药现代化与精准医疗"项目促进传统医药智慧与现代科技深度融合。鼓励医学生与理工科背景学者协同攻关，探索中医诊疗新路径，加速中西医结合疗法的创新发展，生动诠释了"兼容并蓄、学以致用"的教学宗旨。

校园风采

校园内，人文与自然和谐共生的景观处处可见。"杏林苑"集亭台楼阁、小桥流水于一体，园中央的老槐树见证了无数学子的青葱岁月，成为校园的精神地标。"岐黄湖"，湖畔曲径通幽，碧波荡漾间，常可见到学子静坐读书，或轻声讨论，这里是知识与灵感交汇的圣地，也是每一位北中医学子心中难以忘怀的一隅。这些景致滋养了一代代学子的心灵，成为他们珍贵的记忆片段。

学术专长

北京中医药大学在传承与创新中展现卓越。"中医药现代化国家重点实验室"创新药物制剂技术，显著提升疾病防治效果。"数字中医药研究中心"搭建智慧医疗服务平台，实现远程诊断与健康管理一体化。"国际中医药文化交流中心"着力于推广传统医学精髓，通过在线课程与海外合作项目，让世界更多人了解中医魅力，促进了中医药国际化进程。

学子们，踏入知识的海洋，愿你扬帆起航，以好奇为舵，勤奋为桨，探索无限可能，成就辉煌篇章。

北京林业大学

农林类 "211工程" "双一流"

北京林业大学，成立于 1902 年，初称"京师大学堂农业科林学目"。1952 年全国高校院系调整，北京农业大学森林系与河北农学院森林系合并，成立"北京林学院"。1985 年更名为"北京林业大学"。校训为"知山知水，树木树人"，这几个字激励师生为生态建设贡献力量。

优秀校友

北京林业大学孕育了一大批杰出校友。比如，关君蔚是中国近现代水土保持学科奠基人之一；沈国舫为我国林业发展战略和生态建设提供了重要理论支持；尹伟伦在森林培育和生物学等方面有突出贡献。这些优秀校友为推进美丽中国建设和生态文明战略贡献了不可或缺的力量。

校园氛围

北京林业大学倡导跨学科融合与创新，师生共同投身于"智慧城市绿地系统"项目，集合地理信息科学、生态学与城市规划之力，打造可持续发展的绿色空间。这种协作模式促进理论与实践结合，践行"绿色使命、创新发展"的教育理念，培养具有社会责任感与创新能力的人才。

校园风采

北京林业大学校内，古韵与生机交织成诗。主楼广场作为校园的中心地带，中央耸立着雄伟壮观的"行政大楼"，周围绿意盎然，四季花香不断，是师生交流互动的理想场所。"碧泉园"是一片静谧天地，清澈的溪流穿石而过，两岸树木葱郁，鸟语花香。这里是学生们放松心情、汲取灵感的绝佳去处。每一片落叶、每一朵花开，都好像在诉说着北林独有的故事，成为连接过去与未来的纽带。

学术专长

北京林业大学深耕生态环境科技，"北林——中国科学院生物多样性研究联合中心"在物种保育遗传学方面取得突破，研发的基因编辑工具有效促进了濒危植物繁育，成果广泛应用于国家自然保护区。"智慧园林数据中心"创新公园管理模式，提升公共绿地维护效能。

朋友们，愿你以梦为马，不负韶华，勤奋学习，勇攀知识高峰，书写青春华章。

中央音乐学院

艺术类 "211工程" "双一流"

中央音乐学院，成立于 1949 年 10 月，初称"中央音乐学院筹备委员会"。1950 年 6 月，正式定名为"中央音乐学院"。校训为"勤奋、求实、团结、进取"。在七十多年的发展历程中，为国家培养了大量音乐领域的杰出人才。校史辉煌，在音乐教育、创作、表演等方面成果卓著。

优秀校友

中央音乐学院汇聚了享有盛誉的杰出校友。比如，作曲家谭盾创作多元音乐作品获世界赞誉；俞峰在指挥艺术领域成就非凡，提升了中国乐团在国际上的影响力；叶小钢在音乐创作方面成果丰硕，涵盖交响乐、室内乐等多种体裁。他们在音乐表演和创作上成就斐然。

校园氛围

中央音乐学院鼓励师生探索艺术与科技边界。例如，"数字音乐创作与虚拟现实体验"项目，集音乐制作、计算机图形学于一体，打造沉浸式艺术空间。此平台促成了艺术家与工程师之间的深度对话，拓展了音乐表现形式，体现了学院在新时代下对传统艺术教育模式革新的探索与实践。

校园风采

中央音乐学院内亦不乏令人心旷神怡的景致。"艺海楼"始建于 1958 年，见证了学院从成立至今的辉煌历程。"音乐之泉"广场作为学院的心脏地带，其典雅的喷泉与周围和谐共生的雕塑群诉说着岁月的故事。"静心园"中心拥有一泓清澈见底的碧波潭，周围林木葱茏，鸟语花香。琴房楼充满艺术氛围，是音乐学院学子们苦练技艺之地。

学术专长

中央音乐学院在音乐科技融合领域取得了显著成就。"音乐信息科技实验室"自主研发的"智能旋律生成系统"，实现了个性化音乐创作的新突破。"虚拟现实音乐体验中心"通过 VR 技术营造出身临其境的音乐盛宴，开辟了未来音乐会的新纪元。这些前沿科技成果不仅促进了音乐教育与表演艺术的现代化转型，也为音乐爱好者带来了前所未有的艺术享受。

> 朋友们，步入学术圣殿，愿你心怀梦想，脚踏实地，探索未知，绽放智慧光芒。

北京协和医学院

医药类　"双一流"

北京协和医学院，创办于 1917 年，初为洛克菲勒基金会创办的"北京协和医学院"。1951 年，学校由中央人民政府接管。此后历经发展与变革，始终致力于医学教育与科研。校训为"严谨、博精、创新、奉献"，这八个字激励师生为医学事业奋斗。

优秀校友

北京协和医学院拥有许多优秀的校友。比如，林巧稚开创了中国妇产科学许多新领域；张孝骞在消化病学方面贡献卓越；巴德年院士是我国肿瘤免疫学的奠基人之一，为癌症治疗领域开拓新路径。他们以精湛医术和高尚医德，为中国医学发展树立了榜样。

校园氛围

在北京协和医学院，创新协作与跨学科交流蔚然成风。"精准医学与基因编辑技术"项目，汇集了遗传学、分子生物学及临床医学多领域专长，师生在此平台上共同探索疾病的遗传机制，研发新型诊疗策略。这种整合式的科研训练促进了理论与实践的紧密结合。

校园风采

北京协和医学院的校园景致别具特色。"协和老楼"，这座见证了一个世纪风雨变迁的历史建筑，自 1921 年起矗立至今仍是学院举办各类重要活动的文化地标。"静谧园"中湖泊清澈见底，

周围古木参天，每当夕阳西下，余晖洒满水面，整个园区便笼罩在一片金色之中。这些景色成为协和学子心灵的栖息之所，记录下了无数关于青春、友谊与理想的温馨瞬间。

学术专长

在学术与科研层面，北京协和医学院展现出非凡的实力。"转化医学研究中心"有效推进了罕见病与恶性肿瘤的诊疗进程。"数字病理与影像研究所"利用大数据与人工智能技术，构建起高精度的疾病预测模型，成为智慧医疗领域的标杆。这些尖端科技成果不仅深化了医学认知边界，也为患者带来了福音。

朋友们，欢迎来到知识的殿堂，愿你追梦路上，每一步都坚实有力，智慧之光璀璨。

首都师范大学

师范类 "双一流"

首都师范大学，成立于 1954 年，初名"北京师范学院"。1992 年，更名为"首都师范大学"。多年来，学校秉持"为学为师，求实求新"的校训，在教育教学、科学研究等方面不断进取，成为一所具有重要影响力的师范类高校。

优秀校友

首都师范大学拥有很多在各领域卓有成就的杰出校友。比如，纪连海以独特风格讲述历史，普及传统文化；中央电视台少儿节目主持人鞠萍，她在少儿节目主持领域有着广泛的影响力。这些校友为国家的文化繁荣与社会发展贡献了自己的力量。

校园氛围

首都师范大学鼓励跨学科研究与合作。"文化遗产数字化保护"项目，汇集历史学、艺术设计与信息技术专才，共同致力于文物信息采集与虚拟再现。这一平台使师生在互动中拓宽视野，深化学术造诣，展现了首师大对传统与现代结合、理论与应用并重的教育追求。

校园风采

校园内亦不乏令人驻足赞叹的景观。位于校中心的"京师广场"，是集传统韵味与现代气息于一体的标志性景观。广场中央矗立着雄伟的"钟楼"，每至整点时分，悠扬的钟声回荡在整个校园，提醒着师生们珍惜时光、勤勉求知。图书馆造型现代大气，是知识的宝库。"毓秀湖"的湖水清澈，周边绿树成荫，是学子们休闲的好去处。还有银杏大道，秋季金黄一片，美不胜收。

学术专长

首都师范大学在科技创新领域亦展现出强劲实力。"未来教育高精尖创新中心"自主研发的"智慧课堂系统"集成了人工智能辅助教学、个性化学习路径规划等功能，显著提升了教育效能。"文化遗产数字化保护中心"利用先进技术保护文化遗产。这些前沿科技成就凸显了首都师范大学跨越传统学科界限，积极探索未知领域的决心与勇气。

朋友们，快来加入首师大，共赴知识之旅，成就精彩人生。

中国人民公安大学

政法类　"双一流"

中国人民公安大学，成立于 1948 年，历经华北保卫干部训练班、中央公安干部学校等阶段，1984 年改建为全日制普通高等学校，更名为"中国人民公安大学"。作为警界最高学府，为国家培养了众多优秀人才。校训"忠诚、求实、勤奋、创新"激励学子前行。

优秀校友

中国人民公安大学孕育了大批杰出校友。比如，乌国庆被誉为"中国神探"，破获多起重大疑难案件。黄联明参与了布吉"10·25 特大案件"等要案的侦破，使辖区破案数显著提升。他们用行动诠释着公安精神，为维护社会稳定作出巨大贡献。

校园氛围

在中国人民公安大学，创新精神与协作共进的教学理念贯穿始终，师生积极参与各类跨学科项目，如"智慧城市公共安全管理"旨在构建智能化预警与响应体系，强化城市安全防护能力。此类实践活动为维护社会稳定与国家安全提供了强有力的技术支撑与智力支持。

校园风采

中国人民公安大学的校园景致别具特色。忠诚广场位于校园的核心位置，中央矗立着一座叫作"铸剑为犁"的雕塑，寓意着公安学子肩负起守护和平与正义的重任。"平安湖"的湖畔杨柳轻摆，倒映水中，宛如一幅宁静致远的水墨画。每当夕阳西下，湖面上波光粼粼，金辉闪烁，吸引了不少摄影爱好者驻足停留，捕捉这难得的光影瞬间。这些景点成为公安大学学子心中一串独特的记忆符号。

学术专长

中国人民公安大学在公共安全科技领域持续领跑。"智能警务技术创新中心"自主研发的人脸识别与行为分析系统，大幅提高了案件侦破速度与准确性。"网络空间安全研究所"有效应对了新型网络威胁，确保国家信息安全。公安大学的培训项目促进了国际警务合作与交流，为安全治理体系的优化贡献了中国智慧与中国方案。

> 期待大家加入中国人民公安大学，铸就忠诚警魂，开启荣耀征程。

中国科学院大学

综合类　"双一流"

中国科学院大学，前身是中国科学院研究生院，2012年更名为"中国科学院大学"。国科大依托中国科学院强大科研实力，培养高端人才。校训为"博学笃志、格物明德"。其致力于探索创新教育模式，已成为国内顶尖的高等学府。

优秀校友

中国科学院大学拥有许多在各领域卓有成就的杰出校友。白春礼在纳米科技等领域贡献突出；丁仲礼在气候变化研究方面贡献突出，为全球气候治理提供了重要科学依据。他们的成就推动了我国科技进步，为国家发展贡献巨大力量。

校园氛围

中国科学院大学秉承开放包容、交叉融合的教育哲学，强调创新思维与团队协作。以"量子信息科学"项目为例，汇集物理学、材料科学、计算机技术等多领域众多精英，师生在此平台上深入探讨未知领域，加速量子通信与计算技术的革新步伐。此类跨学科研究为培育下一代科研领军人才营造了肥沃土壤。

校园风采

中国科学院大学的雁栖湖校区，依山傍水，景色宜人。"明德楼"始建于20世纪50年代，红墙灰瓦，古朴典雅，见证了国科大自成立以来的风雨历程。

漫步至校园西南角，一片开阔水域映入眼帘，这就是被誉为"科学之湖"的"雁栖湖"，湖岸小路蜿蜒曲折，林木葱郁，湖心小岛上的"思源亭"静默伫立，仿佛在诉说着过往科学家们的求知故事。这些景色承载着学子们对科学探索的无限热情与青春回忆。

学术专长

中国科学院大学在前沿科技领域的探索卓有成效。"国家天文台FAST望远镜"作为世界最大单口径射电望远镜，已发现数百颗脉冲星。"高能物理研究所"深度参与欧洲核子研究组织的大型强子对撞机实验，揭示出了粒子物理基本规律。"深海科学与工程研究所"为地球深部过程与生物多样性研究提供了宝贵资料，彰显我国海洋科技的领先水平。

欢迎大家加入国科大，愿你点燃求知欲，勇探未知，让青春在学习中熠熠生辉。

中央美术学院

中央美术学院，成立于1918年，初名"国立北京美术学校"。历经多次更名，1950年定名为"中央美术学院"。作为顶尖艺术学府，秉持"尽精微，致广大"的校训。在百余年的历程中，培养了众多杰出艺术家，引领中国美术教育发展。

优秀校友

中央美术学院拥有许多在各领域卓有成就的杰出校友。徐悲鸿以其经典画作和美术教育理念影响深远；靳尚谊的油画作品展现独特艺术魅力；陈丹青的作品和艺术观点备受关注。他们的创作丰富了中国艺术宝库，为美术发展作出卓越贡献。

校园氛围

中央美术学院倡导跨学科艺术创新，注重理论与实践相结合。"未来城市空间设计"项目，集建筑、景观、公共艺术等多领域于一体，师生联袂探索城市可持续发展的新路径。这种跨学科合作不仅丰富了艺术语言，还为培养具有前瞻视野的复合型艺术人才提供了肥沃土壤。

校园风采

中央美术学院的校园是艺术与自然交融的佳境。"徐悲鸿纪念馆"作为学院最具代表性的建筑，自1954年起便矗立于此，见证了一代代央美学子们的成长与变迁。名为"艺海"的湖泊宛如一幅流动的画卷，春来花开，秋至叶落，四季变换赋予其无穷的生命力。"荷风桥"横跨于湖面，每当夏日荷花盛开时，桥上行人不禁驻足观赏。这些景色承载着众多师生对于艺术追求的记忆与情怀。

学术专长

中央美术学院在探索艺术与科技融合的道路上取得了显著成就。"数字艺术创新中心"运用机器学习、传感器技术创造沉浸式观展体验。"文化遗产数字化研究院"通过高清成像与数据重建技术，实现对古老壁画、雕塑的精准复制，使珍贵艺术品得以永续保存。中央美术学院正以创意与技术，引领着未来艺术教育的发展方向。

期待各位加入央美，开启艺术之旅，绽放创意光芒。

中国音乐学院

艺术类 "211工程" "双一流"

中国音乐学院，成立于 1964 年，学院以"仁爱、诚信、博学、精艺"为校训，致力于传承和弘扬中国音乐文化。历经多年发展，已成为中国音乐教育的重要阵地和世界了解中国音乐的窗口。

优秀校友

中国音乐学院拥有许多杰出校友。宋祖英以其甜美的嗓音和众多经典民歌作品深受人们喜爱；谭晶在民族、通俗等多种唱法融合方面成就斐然；雷佳的演唱展现了中国声乐艺术的魅力。她们的作品在国内外广泛传播，为中国音乐文化交流作出重要贡献。

校园氛围

中国音乐学院鼓励师生投身跨学科项目。"传统音乐数字化保护平台"集结音乐学、信息技术专才，共同采集整理民族民间音乐资源，运用大数据分析传承非物质文化遗产。这些实践充分诠释了学院倡导的"音乐无界，创新无限"教学理念，培育具备全面素养的艺术精英。

校园风采

中国音乐学院内亦不乏令人流连忘返的景致。"国音堂"作为校内标志性建筑，成为举办各类高雅音乐会的重要场所。四季变换赋予"音乐花园"不同的风情画卷，春日樱花烂漫，夏日荷香四溢，秋叶金黄小径，冬雪银白世界。园中散落着各种音乐家雕像，仿佛穿越时空与大师对话。"音乐喷泉广场"的水柱随音符跳动，为夜晚增添了几分灵动之美。这些景色在学子心中成为永恒的记忆符号。

学术专长

中国音乐学院在音乐科技融合创新领域成绩斐然。"数字音频工程中心"基于深度学习算法实现自动化作曲与即兴演奏，极大拓展了音乐创作边界。"交互媒体实验室"推出的"虚拟现实音乐剧场"，利用 AR/VR 技术营造身临其境的观演体验，革新了传统演出模式。这些尖端科技成果为培养复合型艺术人才提供了有力支撑。

> 欢迎大家加入中国音乐学院，奏响华彩乐章，传承音乐之美。

北京第二外国语学院

语言类 普通本科

北京第二外国语学院，是周恩来总理亲自提议、在原新华社外文干部学校基础上于 1964 年 10 月成立的，是全国第一批本科招生院校。先后隶属国家对外文化联络委员会、外交部、北京市人民政府、教育部和国家旅游局领导。2000 年 2 月，划归北京市人民政府管理。

优秀校友

北京第二外国语学院拥有一大批杰出校友。比如，周轶君是知名记者和作家，其作品展现了对国际事务的深刻洞察；张一白是著名导演，在影视创作方面有诸多优秀作品，推动了文化产业的发展。他们在各自领域为国家形象和文化交流作出贡献。

校园氛围

在北京第二外国语学院，跨文化交流与多语种应用研究蔚然成风。"智能翻译与多模态信息处理"旨在构建高效准确的机器翻译体系，促进全球化背景下无障碍沟通。这些创新性尝试为构建多元共生的世界贡献力量，践行着北二外"知行合一，融通中外"的办学宗旨。

校园风采

校园内有许多令人神往的景色。"明德楼"作为学院标志性建筑，宏伟壮观又不失人文情怀，常作为重要学术交流与文化传播的窗口。校园内有"翔宇楼"，大气庄重。"梧桐大道"，绿树成荫。校园环境优美，充满人文气息，是学子们学习生活的理想之地。"世界语言长廊"更是独具匠心的设计，沿途展示各国语言特色及文化精髓。这些精心雕琢的景观成为北二外学子们的心灵栖息地与成长见证者。

学术专长

北京第二外国语学院在语言科技融合创新方面展现出强劲实力。"智能语言处理与跨文化交际研究中心"自主研发的"多语言实时翻译系统"，有效突破语言障碍，广泛应用于国际会议、商务洽谈等场景。"数字文旅研究院"打造沉浸式在线游学平台，为全球用户提供跨越时空界限的文化体验之旅。这些科技成果为培养具有国际视野的复合型人才开辟了新路径。

欢迎大家加入北二外，愿你在这里深耕细读，挑战自我，成就辉煌。

北京电影学院

艺术类　普通本科

北京电影学院，成立于 1950 年，初称"中央电影局表演艺术研究所"。1951 年更名为"中央文化部电影局电影学校"。1953 年更名为"北京电影学校"。1956 年改制为"北京电影学院"。学院以"尊师重道，薪火相传"为校训，致力于培养电影专业人才，为中国电影事业的发展作出了卓越贡献。

优秀校友

北京电影学院孕育了大批杰出校友。比如，著名导演张艺谋，他的作品《红高粱》《活着》等屡获国内外大奖；著名演员朱一龙，他的作品《知否知否应是绿肥红瘦》等屡获大奖。这些校友为推动中国电影事业的进步与全球文化交流作出了不可磨灭的贡献。

校园氛围

北京电影学院鼓励师生投身于多元化的创新实践。"虚拟现实叙事工作坊"汇聚导演、编剧与游戏设计专才，共同探索沉浸式故事讲述的新维度；"电影人工智能实验室"携手传媒学者打造智能化影像编辑工具。这些跨学科项目为影视行业的发展培育了一批复合型人才。

校园风采

北京电影学院校园内不乏令人流连忘返的景致。"光影艺术馆"这座现代化的建筑设计巧妙融入周边环境，内部收藏了丰富的电影史料与艺术品，既是对电影史的致敬，也是当代审美趣味的展现。漫步至学院后山，一片葱郁的林间小径引人入胜，这里是拍摄户外场景的理想选择，也是师生休憩、灵感碰撞的绝佳之地。

学术专长

在北京电影学院，科技创新与艺术创造相辅相成。"虚拟现实影视创新实验室"利用 VR/AR 技术，开辟了沉浸式观影体验的新天地；"4K 超高清摄制中心"确保每一帧画面都达到极致细腻；"人工智能剧本分析平台"的研发，借助大数据与深度学习算法辅助剧本评估与优化，极大地提高了创作效率与精准度。这些尖端科技的应用为行业输送了一批又一批掌握先进技术的专业人才。

欢迎大家加入北电，开启光影之旅，铸就电影辉煌。

上海交通大学

综合类　"211工程"　"985工程"　"双一流"

上海交通大学，成立于1896年，初称"南洋公学"，1911年更名为"南洋大学堂"。1928年改称"国立交通大学"。1959年定名为"上海交通大学"。以"饮水思源，爱国荣校"为校训，致力于培养卓越人才，在科研和教育领域成就斐然。

优秀校友

上海交通大学拥有许多杰出校友。比如，钱学森为中国航天事业奠定了坚实基础；黄旭华研制核潜艇，立下不朽功勋，在核潜艇设计和研发方面作出了重要贡献。他们在各自领域展现非凡成就，为国家和社会作出重大贡献。

校园氛围

在上海交通大学，跨学科创新是教育的灵魂所在。"未来网络空间安全研究院"共同构筑网络世界的坚固防线；"智慧医疗与健康大数据实验室"致力于精准诊疗与个性化健康管理方案的开发。上海交大师生在这样的平台上，共同书写科技进步新篇章。

校园风采

上海交通大学的校园景点众多。"思源湖"波光粼粼，湖水倒映着周边的绿树与建筑，湖心亭宛如一颗明珠点缀其间。"宣怀大道"笔直宽阔，梧桐挺立，彰显历史底蕴。"植物标本园"宛如世外桃源，各类植物争奇斗艳。古老的中院庄重典雅，承载着岁月的记忆。校园中，现代建筑与古朴楼宇交相辉映，绿树成荫，莘莘学子穿梭其中，处处散发着青春活力与浓厚的学术氛围。

学术专长

上海交通大学在科技创新与跨学科研究中持续发力。"转化医学研究院"针对肿瘤免疫治疗策略的创新，为患者带来了新的希望。"微纳电子系统集成技术国家重点实验室"在半导体芯片设计与制造工艺上的突破，助推我国集成电路产业自立自强。"海洋二号卫星数据处理中心"为海洋生态保护与灾害预警提供了关键技术支持。这些前沿探索与成果为构建和谐共生的人类命运共同体添砖加瓦。

欢迎大家加入上海交大，愿你勤于思考，勇于实践，成就自己的未来。

复旦大学

　　复旦大学，成立于1905年，初称"复旦公学"。1917年改名为"复旦大学"。此后，在不同历史时期不断发展壮大。校训为"博学而笃志，切问而近思"。复旦是一所世界知名、国内顶尖的综合性研究型大学。

优秀校友

　　复旦大学拥有许多杰出校友。比如，于右任书法作品独具风格，对后世书法艺术发展影响深远；陈望道翻译《共产党宣言》，为马克思主义在中国的传播作出重大贡献；苏步青创立了微分几何学派。他们以各自的成就推动了社会进步。

校园氛围

　　复旦大学秉持着开放包容的学术氛围与跨界协作的教育理念。"新能源材料与器件研究团队"联袂物理、化学及材料科学专才，致力于下一代电池技术与清洁能源存储解决方案的开发。复旦大学通过搭建跨学科交流平台，培育具有全球竞争力的复合型人才。

校园风采

　　复旦大学的校园景色美不胜收。"光华楼"雄伟挺拔，如巨人屹立，彰显着高校风范。"玖园"承载历史，大师旧居诉说着往昔故事。"燕园"宛如私家花园，幽径水榭，宁静雅致。"曦园"风景如画，漏窗亭台与红枫绿松相映。相辉堂庄重典雅，见证青春梦想。"子彬院"古朴厚重，记录着数学探索的历程。校史馆沉淀岁月，记录着复旦的沧桑与辉煌。

学术专长

　　复旦大学在学术研究方面，同样展现出其卓越的综合能力。"生物医学研究院"在单细胞测序技术方面的革新，引领精准医疗进入新时代。"复杂体系多尺度研究院"通过对蛋白质结构的高精度模拟，揭示生命奥秘。"大气与海洋科学系—城市化与区域气候实验室"致力于城市气候变化的研究，为应对全球变暖提出有效策略。这些前沿项目，不仅体现了复旦的科研深度与广度，也为其在全球可持续发展议题上的话语权增添了重量级砝码。

　　踏入这片学术的田野，愿你像耕者一样辛勤，像探求者一样勇敢，播下知识的种子，收获成长的果实。

同济大学

综合类　"211工程"　"985工程"　"双一流"

同济大学，成立于1907年，初称"德文医学堂"。1912年增设工学堂。1923年正式定名为"同济大学"。校训是"同舟共济"。同济是一所特色鲜明，在国内外具有重要影响力的综合性大学。在建筑、土木工程等领域成就卓越。

优秀校友

同济大学拥有许多杰出校友。比如，被誉为"中国外科之父"的裘法祖开创我国腹部外科新领域，提高手术成功率；李国豪主持设计南浦大桥等，提出桥梁结构稳定与振动理论；吴孟超是著名肝胆外科专家，在肝脏外科领域不断创新技术。他们在各自的领域内取得了非凡成就，为国家和社会作出了重大贡献。

校园氛围

同济大学鼓励师生投身多元化的科研实践。"智能建造与未来城市实验室"共探智慧城市建设新模式。"可持续发展与绿色制造研究中心"致力于打造循环经济体系下的制造业升级方案。这些项目深化了同济学子对于复杂问题解决能力的培养。

校园风采

同济大学的校园处处皆美景。樱花大道在花季时宛如粉色云霞，美不胜收。大草坪上国立柱庄重屹立，见证岁月沧桑。"三好坞"如中式园林般雅致，有假山流水、白鹅嬉戏。文远楼尽显现代建筑经典之美。大礼堂的拱形网架曾是亚洲之最。音乐广场开放而灵动，海洋楼外观清秀。校园中传统与现代交织，散发着浓厚的学术气息与独特魅力。

学术专长

同济大学在尖端科研领域展现非凡实力。"智能型新能源汽车协同创新中心"领跑自动驾驶及电动汽车核心技术研发，驱动未来出行革命。"污染控制与资源化研究国家重点实验室"深耕环保科技，创新废弃物资源化利用途径，助力循环经济。"海洋地质国家重点实验室"深掘海底秘密，探索地球演变史，守护蓝色国土。这些开创性的研究项目以实际行动响应全球可持续发展目标，彰显高校社会责任感。

欢迎各位学子加入同济，愿你带着好奇心探索，以勤奋为翼飞翔，开启一段充满发现与成长的学习旅程。

上海外国语大学

语言类　"211工程"　"双一流"

> 上海外国语大学，成立于 1949 年，初称"华东人民革命大学附设上海俄文学校"。1956 年更名为"上海外国语学院"。1994 年正式定名为"上海外国语大学"。校训是"格高志远、学贯中外"。上海外国语大学在语言教育和文化交流方面成就突出。

优秀校友

上海外国语大学拥有许多优秀校友。比如，中国驻罗马尼亚大使韩春霖为中罗两国的友好关系和外交合作作出了重要贡献；刘贵今是首位中国政府非洲事务特别代表，更是"七一勋章"获得者。他们在各自领域为国家和社会作出重要贡献，展现了上外人的风采。

校园氛围

上海外国语大学秉持跨界创新与语言文化交流的理念，鼓励师生投身多元学科项目。"全球传播与国别区域研究院"共同解析国际舆情，拓展全球视野。"国际组织人才培养基地"培养通晓多语种的未来领导者，展现了上外在推进知识融合与国际化人才培养方面的优势。

校园风采

上海外国语大学校园美不胜收。图文信息中心造型独特，似神秘城堡般引人注目。风格迥异的教学楼彰显多元文化，古罗马风的"第三教学楼"庄重威严，维多利亚风的"第五教学楼"优雅，阿拉伯风的"第七教学楼"独具魅力。"镜湖"如明镜，天鹅嬉戏，垂柳轻拂。"世界语言博物馆"与校史馆沉淀着历史。校园建筑犹如世界文化的缩影，各国风情交织，散发着浓厚学术气息与独特魅力。

学术专长

上海外国语大学在跨学科研究与技术创新领域亦有独到之处。"语言数据科学与应用重点实验室"开发自然语言处理工具，促进跨文化沟通无障碍。"国别和区域研究基地"借助大数据分析方法，深入探究全球政治经济格局变迁，为国际关系决策提供智力支撑。"人工智能与教育研究院"探索 AI 在教育场景中的应用。这些前沿探索为促进全球知识共享与文明交流互鉴注入了活力。

> 欢迎各位学子来到上外，开启多彩语言之旅，拥抱广阔世界舞台。

华东师范大学

师范类 "211工程" "985工程" "双一流"

华东师范大学,成立于1951年,以大夏大学、光华大学为基础合并组建。1972年更名为"上海师范大学",1980年恢复"华东师范大学"校名。校训是"求实创造,为人师表"。华师大是一所综合性研究型大学,在教育学、心理学等领域成就卓越。

优秀校友

华东师范大学拥有许多成绩斐然的校友。比如,教育学家叶澜提出的"新基础教育"等理念推动了中国基础教育改革与发展;王荣生在语文教育领域有着深厚的造诣,著有《语文科课程论基础》《新课标与"语文教学内容"》等。他们在各自领域为社会的进步贡献了力量。

校园氛围

华东师范大学师生共赴跨学科学术之旅。"儿童青少年大脑发展与学习机制"课题,融合神经科学与教育理论,助力精准教育改革。"大数据驱动的城市治理"项目,赋能智慧城市建设,充分体现了华东师大在推动学科融合与解决社会实际问题方面的不懈追求。

校园风采

华东师范大学景致如诗如画。"丽娃河"似灵动绿带,蜿蜒流淌,两岸绿树成荫。"夏雨岛"犹如世外桃源,石凳、亭子错落,满是青春记忆。校史风貌区庄重典雅,"群贤堂""思群堂"等承载厚重历史。大草坪如绿色海洋,令人心旷神怡。闵行校区,"樱桃河"流水潺潺,图书馆大草坪绿意盎然。明代"尚义桥"见证岁月变迁。"冯契学术成就陈列室"诉说学术传承。

学术专长

华东师范大学在学术研究与技术创新上展现出独特魅力。"脑功能基因组学教育部重点实验室"重点解析大脑工作原理,为认知障碍疾病治疗铺平道路。"河口海岸科学研究院"专注长江流域生态保护,监测水体健康状况。"精密光谱科学与技术国家重点实验室"精研光学精密测量,推动量子通信关键技术进步。这些尖端项目的实施为实现人类社会高质量发展提供了坚实支撑。

欢迎各位学子走进华师大,愿你在知识的海洋中自由航行,以勇气和智慧为帆,抵达梦想的彼岸

上海财经大学

财经类 "211工程" "双一流"

上海财经大学，成立于1917年，初称"南京高等师范学校商业专修科"。1921年成立"上海商科大学"。1950年更名为"上海财政经济学院"。1985年更名为"上海财经大学"。校训是"厚德博学，经济匡时"。在财经领域为国家培养了众多优秀的经济人才。

优秀校友

上海财经大学培养了许多杰出校友。比如，陆磊为中国金融体系的现代化和国际化作出了重要贡献；谢平为中国的金融改革和经济发展提供了重要的理论支持和实践指导。他们在各自领域的贡献赢得了广泛认可，为社会的发展作出了重要贡献。

校园氛围

上海财经大学师生跨界协同，共探知识新边界。"金融科技与风险管理研究所"融汇金融工程、数据分析，构建智能风控模型。"全球化与中国企业国际化战略中心"联结国际贸易、企业管理，洞悉全球市场趋势。这些项目彰显了上海财大在学科交汇与理论实践中的引领作用。

校园风采

上海财经大学的校园风景如画。春晖湖畔，绿荫环抱，"致远亭"点缀其间，四季景致各异。老校门端庄质朴，见证历史。校史馆的"育衡楼"诉说着百余年的辉煌。中山北一路的"办公楼遗址"，铭记着复校的历程。武川路的"英贤图书馆"，是知识的殿堂。国定路的"缤纷谷"咖啡馆洋溢着青春活力。

学术专长

上海财经大学在经济学科与金融科技领域交相辉映。"金融科技创新与监管实验中心"聚焦区块链、大数据等新兴技术，深化金融风险评估模型，赋能数字经济健康发展。"中国宏观经济数据分析与预测中心"运用量化分析工具，准确预判市场趋势，为国家经济政策制定提供实证支持。这些前瞻性项目，彰显了上海财大在理论研究与应用实践相结合上的卓越追求，同时为经济社会稳定繁荣作出了重要贡献。

期待各位学子加入上海财大，共赴财经之旅，勤奋耕耘，让智慧之花在此绽放。

华东理工大学

理工类 "211工程" "双一流"

华东理工大学，1952年由交通大学、震旦大学等多所高校的化工系合并组建，初称"华东化工学院"。1993年更名为"华东理工大学"。校训是"勤奋求实，励志明德"。华理是一所特色鲜明的理工科大学，在化工等领域成就突出。

优秀校友

华东理工大学拥有许多杰出校友。比如，张统一院士在纳米材料力学方面取得了开创性成果；王基铭院士在石油炼制技术上有着深厚造诣；王锦山是上海德沪涂膜设备有限公司共同创始人，是目前全球最大的钙钛矿核心设备狭缝涂膜设备供应商。他们在各自领域为社会的发展作出了重要贡献。

校园氛围

华东理工大学师生深耕跨学科研究。"生物基材料与绿色制造中心"聚合化学工程、生命科学，开发生物质资源高效利用新技术。"智能化工过程控制实验室"联结自动化、材料科学，驱动化工产业升级。这些项目显示了华理在学科融合与实践创新上的坚定步伐。

校园风采

华东理工大学景色宜人。"青春河"蜿蜒，"青春桥"联结着学子的青春记忆。大草坪是学子们的乐园，可休憩可奔跑。750米"林荫大道"，法国梧桐林立，春夏郁郁葱葱。绿园经改造后层次丰富，夜晚在灯光下格外宁静。东门绿化斜坡增添新景观。奉贤校区的"通海湖"，南临正大门，北接图文信息中心。湖边龙舟文化广场热闹非凡，赛龙舟成为特色活动，校园处处散发着独特魅力。

学术专长

华东理工大学在科技研发与创新应用中屡创佳绩。"资源高效加工与能源转化教育部重点实验室"致力于化工过程强化与节能降耗，引领绿色制造潮流。"微系统集成与控制技术研究所"聚焦微纳制造工艺，推动智能化装备产业升级。"生物质能源与化学品研发中心"开发生物质燃料与高值化学品，促进循环经济体系构建。这些尖端项目为应对全球能源危机与环境污染挑战提出了有效解决方案。

> 欢迎各位学子走进华理，愿你心向光明，勇往直前，以知识为灯，照亮前行之路。

上海大学

综合类 "211工程" "双一流"

上海大学,成立于1922年,初称"上海大学"。1994年新"上海大学"由上海工业大学、上海科学技术大学、原上海大学和上海科技高等专科学校合并组建。校训是"自强不息,道济天下"。上大是一所综合性大学,在多个领域快速发展。

优秀校友

上海大学拥有许多杰出校友。比如,钱伟长在应用数学和力学领域作出了开创性贡献,被誉为"中国近代力学之父";孙晋良院士被誉为"中国的碳纤维之父",他在高性能碳纤维的研发中发挥了关键作用,显著提升了中国在该领域的自主创新能力。

校园氛围

上海大学崇尚跨界协同与学术创新,师生踊跃投入"智慧城市生态系统"项目,融汇信息科学、环境保护与城乡规划,实现多领域知识交汇。秉承"自强不息,道济天下"的校训,强调实践与理论结合,鼓励学子与业界精英、学界导师携手共创,加速科技转化与社会应用。

校园风采

上海大学"泮池"一带经改造后风景优美。"名人广场"雕塑空间与拓宽的步道、花境相得益彰,"泮池"水系的步道如飘逸丝带。秋季菊文化节,"泮池"周边菊花绽放,美不胜收。"美术学院展览馆"旁有众多名人雕塑。延长校区附近的闸北公园如"后花园",江南园林建筑古朴典雅,春天海棠花开,古韵盎然,为校园增添别样魅力。

学术专长

上海大学在科技创新与工程应用方面屡创佳绩。"超大规模集成电路(VLSI)设计与测试中心"研发高性能芯片,驱动新一代信息技术产业革新。"先进显示与照明技术研究所"聚焦新型显示材料与器件,推动视觉体验革命性提升。"新能源材料与器件研究中心"致力于锂离子电池及太阳能光伏技术研发,加速清洁能源普及进程。这些前沿探索持续为构建智慧、绿色、宜居的城市生态环境贡献智慧与力量。

期待各位学子加入上大,愿你怀揣梦想,脚踏实地,以不懈的努力开启智慧之门,书写青春传奇。

东华大学

综合类　"211工程"　"双一流"

东华大学，成立于1951年，初称"华东纺织工学院"。1985年更名为"中国纺织大学"。1999年更名为"东华大学"。校训是"崇德博学、砺志尚实"。东华大学以纺织为特色，多学科协调发展，在材料、设计等领域成果斐然。

优秀校友

东华大学育才无数，校友佳绩斐然。比如，王华平在高性能纤维和复合材料领域取得了显著成就；材料科学巨匠俞建勇，深耕纳米纤维研究，获国家科技进步奖一等奖。他们以实际行动，为社会进步贡献力量，展现了东华人的责任与担当。

校园氛围

东华大学推崇跨域协同与学术探索，师生投身于"功能纤维与智能纺织品"项目，集材料科学、信息技术于一体，共创可穿戴设备与智能织物新纪元。秉承"崇德博学，砺志尚实"之教诲，激励学子与产业先锋、学界巨擘并肩作战，加速科研成果转化，驱动行业革新升级。

校园风采

东华大学的校园美不胜收。松江校区，"镜月湖"如一颗璀璨明珠，矗立于中央生态区，兼具美景与实用功能。延安路校区，"上海纺织服饰博物馆"珍藏众多服饰作品，展现时尚与传统之美。"文琦书店"时尚雅致，是研讨阅读的好去处。东华艺术园充满艺术气息，前卫设计作品令人赞叹。"中心广场"古树环绕，大草坪绿意盎然，是学生休憩与展示创意的佳地。校园各处共同散发出东华大学的独特魅力与浓厚学术气息。

学术专长

东华大学在纺织科技与材料科学领域独树一帜。"纤维材料改性国家重点实验室"深研智能纤维，编织未来可穿戴设备新篇章。"数字媒体技术与艺术设计中心"融汇虚拟现实与美学理念，塑造沉浸式体验新境界。"生态染整与清洁生产协同创新中心"倡导环保印染工艺，领航绿色纺织工业变革。这些前沿探索为地方乃至全国的产业发展提供了智力支持和技术保障。

期待各位学子加入东华大学，共赴知识盛宴，开启精彩人生。

海军军医大学

军事类 "211工程" "双一流"

海军军医大学，成立于1949年，初称"华东军区人民医学院"。1951年定名为"第二军医大学"。2017年更名为"海军军医大学"。校训是"求实、创新、严谨、献身"。该校为军队培养了大批优秀医学人才，在军事医学等领域贡献突出。

优秀校友

海军军医大学拥有众多杰出校友。比如，肝胆外科泰斗吴孟超开创肝脏外科新纪元，挽救生命无数；传染病防控专家曹雪涛主导重大疾病免疫机制研究，为公共卫生安全筑起防线。他们以精湛的医技与崇高医德，为社会繁荣与人民幸福作出不可磨灭的贡献。

校园氛围

海军军医大学师生共同投身于多元化的科研项目。"战地急救与远程医疗技术"整合创伤医学、通信技术和人工智能，旨在提升极端条件下的救治效率。学子与学者跨越专业壁垒，协同作战，加速医疗科技的进步，彰显海医大在培养复合型军事医疗人才的独特价值。

校园风采

海军军医大学的校园景色别具一格。"军史文化长廊"犹如一幅波澜壮阔的历史画卷，展现着学校的辉煌历程与荣耀。"医学誓言广场"上，刻着神圣誓言的石碑庄严肃穆，时刻提醒着学子们坚守医者初心。"白求恩雕像"栩栩如生，那伟岸的身影传递着无私奉献的精神。校园里还有美丽的花园，繁花似锦，与郁郁葱葱的林荫道相映成趣，营造出宁静而充满活力的学习氛围，令人陶醉其中。

学术专长

海军军医大学在军事医学与生命科学研究领域卓有建树。"战创伤救治与组织修复国家重点实验室"攻克复杂伤情救治难关，提升战场救护效能。"海洋生物药物研究中心"挖掘海洋生物活性成分，开发新型药物，拓宽医药宝库。"军事卫生防护研究所"强化生物安全防御体系，守护军人健康与国家安全。这些关键性突破为国防建设和人民健康事业注入强劲动力。

欢迎各位有志青年投身海军军医大学，勇担使命，铸就辉煌医学人生。

天津

天津大学

综合类　"211工程"　"985工程"　"双一流"

天津大学，前身为 1895 年创建的"北洋西学学堂"。1913 年定名"国立北洋大学"，历经多次改名，1951 年与河北工学院合并定名为"天津大学"。校训是"实事求是"。作为中国第一所现代大学，天大在工程学、建筑学等领域培养了众多杰出人才，为国家建设作出卓越贡献。

优秀校友

天津大学拥有许多杰出校友。比如，袁国林在水电工程领域有着丰富的经验和卓越的成就，为中国水电事业的发展作出了重要贡献；周恒在湍流和流动稳定性方面的研究成果多次获奖；化学工程先驱侯德榜，创制联合制碱法，革新世界化工产业格局。他们以卓越贡献，深刻影响着各自领域。

校园氛围

天津大学师生共同投身于跨学科科研探索。"智能网联汽车关键技术"致力于自动驾驶系统的研发与应用。"新能源材料与器件研究所"攻关清洁能源转化存储难题。这些项目不仅促进了知识的跨界交融，也激发了师生的创新潜能，展现了天大在产学研结合上的前瞻视野。

校园风采

天津大学的校园景色如诗如画。"北洋纪念亭"庄严肃穆，见证着学校的辉煌历史，承载着岁月的记忆。"敬业湖"湖水波光粼粼，周边绿树成荫，宛如一颗璀璨的明珠镶嵌在校园中。"青年湖"宁静优美，垂柳依依，长椅上常有学子们捧书静读。"冯骥才文学艺术研究院"独具特色，传统与现代风格完美融合，散发着浓厚的艺术气息。

学术专长

天津大学在科研创新的征途上，屡创佳绩。"精密测试技术及仪器国家重点实验室"研发的超精密测量装备，为高端制造业提供了关键技术支撑。"化工过程先进控制和优化技术教育部重点实验室"在化工自动化领域的突破性进展，极大提升了工业生产效率与安全性。"海洋石油勘探国家工程研究中心"致力于深海油气资源开发，保障国家能源安全。

欢迎各位学子走进天大，愿你以探索之心面对挑战，以勤奋之手摘取智慧之果，开启一段充实而精彩的学术旅程。

南开大学

综合类 "211工程" "985工程" "双一流"

南开大学，成立于 1919 年，初称"私立南开大学"。1937 年校园遭侵华日军炸毁，学校南迁。1946 年回津复校并改为国立。校训是"允公允能，日新月异"。南开是一所声誉卓著的高等学府，在教育、科研等方面成就斐然。

优秀校友

南开大学拥有许多杰出校友。比如，周恩来为中国革命、建设和发展作出巨大贡献。陈省身开创微分几何新纪元。曹禺创作多部经典戏剧作品。他们以卓越成就推动社会进步，在各自领域绽放光彩。

校园氛围

南开大学师生积极参与跨学科科研实践。"环境友好型纳米材料"项目，集合化学、材料科学与环境保护专业，共创可持续发展新路径。"数据驱动的社会行为分析"课题洞察复杂社会现象背后的数据规律。这些项目培育具有全球视野的复合型人才。

校园风采

南开大学的校园景色美不胜收。"大中路"绿树成荫，贯穿校园东西，见证着南开的历史传承。"马蹄湖"荷花摇曳，如诗如画，为校园增添一抹柔美色彩。"思源堂"古朴庄重，诉说着南开初创的艰难与辉煌。"新开湖"碧波荡漾，周边有老图书馆和教学大楼相伴。校钟矗立，铭记着学校重大时刻。"周恩来总理雕像"庄严肃穆，激励着南开学子。"海冰楼"新锐与厚重交织，物理科学学院的老楼则散发着历史韵味。校园处处皆是美景，令人陶醉。

学术专长

在学术探索的前沿，南开大学凭借深厚的基础研究底蕴，不断刷新着科研高度。"南开大学合成生物学教育部重点实验室"开创性的代谢工程改造，为生物医药产业注入新活力。"南开大学光电薄膜与器件重点实验室"在柔性电子显示技术上的突破，预示着未来智能穿戴设备的无限可能。这些标志性科研成果，不仅彰显了南开大学的学术魅力，更在全球可持续发展中扮演着至关重要的角色。

热忱欢迎各位学子走进南开，愿你以梦想为指引，以努力为阶梯，攀登知识的高峰，实现自我超越。

天津医科大学

医药类　"211工程"　"双一流"

天津医科大学，成立于1951年，初称"天津医学院"。1994年，天津医学院与天津第二医学院正式组建成"天津医科大学"。校训为"求真至善"。天医是国家"211工程"重点建设院校，为国家培养了众多优秀医学人才。

优秀校友

天津医科大学拥有许多杰出校友。比如，吴咸中开创了腹腔镜胆囊切除术，显著提高了急腹症的治疗效果；公共卫生专家张颖，在重大疫情防治中发挥关键作用。他们以卓越的专业能力与社会责任感，书写着天医人的辉煌篇章。

校园氛围

天津医科大学融汇多学科智慧，师生同研"转化医学与精准治疗"项目，结合临床实践与分子生物学，探索疾病个体化诊疗方案；"数字病理图像分析平台"优化病理诊断流程。学校鼓励跨领域协作，为人类健康事业贡献智慧。

校园风采

天津医科大学的校园景色独具魅力。"朱宪彝纪念广场"上，"朱宪彝雕像"庄严肃穆，彰显着医学大家的风范，激励着学子们奋发向前。"世纪大道"贯穿校园，道路两旁绿树成荫，仿佛一条绿色的丝带。图书馆造型独特，在阳光的映照下熠熠生辉，是知识的殿堂。操场充满活力，周边的绿化景观为校园增添了生机与活力。漫步在校园中，处处都能感受到浓厚的学术氛围和医学的神圣使命。

学术专长

天津医科大学在医学与生命科学探索中屡创佳绩。"肿瘤免疫治疗研究中心"聚焦CAR–T细胞疗法，引领癌症靶向治疗革新之路。"脑科学与认知功能研究所"解析神经系统奥秘，为神经退行性疾病提供全新视角。"精准医学与个体化诊疗实验室"运用大数据分析，定制个性化治疗方案。这些尖端科研成果致力于改善患者生活质量，为建设健康中国贡献力量。

期待各位有志于医学的学子加入天津医科大学，以坚定的信念探索未知，用不懈的努力书写属于自己的辉煌篇章。

河北工业大学

理工类　"211工程"　"双一流"

河北工业大学，成立于 1903 年，初称"北洋工艺学堂"。1929 年，改称为"河北省立工业学院"。1995 年定名为"河北工业大学"。校训为"勤慎公忠"。学校是国家"211 工程"重点建设高校，具有悠久历史和深厚底蕴。

优秀校友

河北工业大学拥有许多杰出校友。比如，曲久辉创新水处理技术，守护绿水青山，保障饮水安全；李青实现了我国玻璃基板产业从无到有、从弱到强的转变。他们彰显了工大人求实创新的精神风貌。

校园氛围

河北工业大学倡导跨学科学习与创新。师生深度参与"新能源汽车关键技术研究"项目，共同破解行业难题；"智能感知与物联网技术"课题集合计算机科学、电子信息与自动化，探索智慧城市解决方案。这种教学模式促进了知识的深度融合与技术创新。

校园风采

河北工业大学的校园景色别具一格。团城古色古香，仿佛在诉说着往昔的故事，承载着厚重的历史记忆。北辰校区的图书馆造型现代大气，是知识的宝库。校史馆全方位展示了学校百余年奋斗历程，令人感慨万千。校园中的花园四季如画，绿树繁花交相辉映。体育中心充满活力。工学楼彰显学术氛围。化工学院展现出专业特色。漫步校园，处处能感受到浓厚的历史底蕴与蓬勃的青春活力。

学术专长

河北工业大学科研成果硕果累累，彰显创新实力。"光电薄膜与微纳器件教育部重点实验室"精进光电器件性能，拓展新一代通信技术应用边界；"京津冀协同发展研究中心"聚焦区域经济一体化策略，为政策制定提供智囊支持；"新能源汽车协同创新中心"攻克动力电池瓶颈，加速绿色出行普及步伐。这些尖端研究机构与项目为解决社会实际问题提供了科技支撑。

欢迎各位学子走进河北工业大学，来到学习的新起点，勇敢追梦，勤奋学习，成就辉煌。

天津中医药大学

医学类 "双一流"

　　天津中医药大学，成立于1958年，初称"天津中医学院"。在多年的发展历程中，学校不断壮大。2006年更名为"天津中医药大学"。校训为"进德修业，继承创新"。学校致力于中医药教育、科研和医疗服务，为传承和发展中医药事业作出了卓越贡献。

优秀校友

　　天津中医药大学拥有许多杰出校友。比如，张伯礼院士开创性地将现代科学技术应用于传统中药研究，显著提升中药疗效与安全性；石学敏教授创立醒脑开窍针法，惠及全球患者；刘昌孝院士是药代动力学奠基人。他们弘扬中医文化，为医药事业发展作出了卓越贡献。

校园氛围

　　天津中医药大学秉承"传承创新，德术并举"的理念，师生共研"中药资源数字化平台构建"项目，融合信息技术与传统中医药，实现药材资源高效管理。此类跨学科探索，既丰富了中医药宝库，也培养了一批具备创新能力的未来医者，展示了学校独特的教学魅力与科研活力。

校园风采

　　天津中医药大学的校园景致别具韵味。"天圆地方广场"造型独特，彰显着中国传统文化的魅力，成为校园的标志性景观。"如意药岭"上，各类中药材生机勃勃，既是教学科研的重要基地，又似一幅美丽的自然画卷。校园湖泊中央的"湖心亭"，在碧波荡漾的湖水映衬下，充满诗意。体育馆外观大气，见证着学子们的青春活力。漫步校园，处处能感受到中医药文化与现代气息的融合。

学术专长

　　天津中医药大学在传统医学与现代科技的交汇处绽放光彩。依托"中医药循证医学中心"系统梳理古方精髓，验证其临床有效性，为全球疾病防治注入中国智慧；"分子药理与毒理研究所"解析中药活性成分作用机理，加速新药研发进程；"智能诊疗设备研发中心"开发出便携式脉诊仪，使远程医疗服务成为可能。

　　热烈欢迎各位学子加入天津中医药大学，传承岐黄薪火，共创中医药辉煌未来。

天津工业大学

综合类　"双一流"

天津工业大学，成立于 1912 年，初称"北京工业专门学校机织科"。1958 年更名为"河北纺织工学院"。1968 年更名为"天津纺织工学院"。2000 年更名为"天津工业大学"。校训为"严谨、严格、求实、求是"。学校在纺织、材料等领域优势突出。

优秀校友

天津工业大学孕育出了众多行业翘楚。比如，吴向伟已建成沙漠锁边林核心示范区，总结提炼了"锁边生态"生态建设理念；华测检测认证集团股份有限公司总裁申屠献忠是中国检测认证行业领军人物。他们的非凡成就，彰显了工大人的实践精神与创新能力，为科技进步和社会繁荣添砖加瓦。

校园氛围

天津工业大学师生共研"先进复合材料制造技术"项目，集成材料科学与机械工程，突破轻量化生产瓶颈；"物联网智能家居系统"课题，构建智慧生活场景。这些实证性项目，深植"工以致用，学以至诚"的办学宗旨，激发多维度思考，促进产学研一体化进程。

校园风采

天津工业大学的校园景色令人陶醉。"泮湖"，原名"劳动湖"，湖水清澈，周边绿树环绕。"泮"之名，源于古代学府之水的寓意，为校园增添了浓厚的文化气息。图书馆造型现代化，与"泮湖"相映成趣。湖边，柳枝摇曳，湖水碧波荡漾，偶有飞鸟掠过。校园中的教学楼、体育馆等建筑各具特色，承载着学校的历史与文化。

学术专长

天津工业大学在科技创新方面展现出强劲动力。"智能纺织品研发中心"编织未来，将电子器件无缝融入织物，开拓健康监测新途径。"新能源汽车动力研究院"专注电池技术革新，提速绿色交通革命。"数字媒体艺术实验室"融合虚拟现实与传统艺术，创造沉浸式体验空间。这些领先项目在推动社会进步与产业升级中发挥着关键作用。

真诚期待各位学子走进天津工业大学，愿你以无限的好奇心和不懈的努力，探索未知的世界，开启一段充满挑战与收获的学习之旅。

重庆

重庆大学

综合类　"211工程"　"985工程"　"双一流"

重庆大学，成立于1929年。1949年成为一所综合性大学。此后历经多次调整与合并。校训为"耐劳苦、尚俭朴、勤学业、爱国家"。重大在近百年发展中，为国家培养众多人才，在工程等领域成就突出。

优秀校友

重庆大学拥有许多杰出校友。比如，冯远在高层建筑结构、大跨空间结构和桥梁结构等方面取得研究成果，为我国的土木工程领域作出了重要贡献；中国工程院院士周绪红，深耕钢结构领域，助推建筑科技进步。他们的卓越贡献，深刻影响着国家建设和行业进步。

校园氛围

重庆大学师生共同投身于"山地城镇建设协同创新中心"，整合土木工程、城乡规划多维视角，破解复杂地形建设难题。通过这类跨学科项目，重大学子得以在实践中深化理论知识，激发创新潜能。

校园风采

重庆大学的校园景色美不胜收。"寅初亭"古朴典雅，见证着历史的沧桑，诉说着马寅初先生的故事。"民主湖"湖水清澈，四周绿树环绕，四季风景如画，是学子们放松身心的好去处。"钟塔"高耸屹立，充满历史韵味，仿佛在诉说着重大的辉煌过往。"文字斋"古色古香，尽显中国传统建筑之美。风雨操场充满活力。"思群广场"宽敞开阔。漫步重大校园，处处都能感受到浓厚的历史底蕴与青春的活力。

学术专长

重庆大学在科研创新上屡创佳绩。"高压输电线路安全与新技术教育部重点实验室"致力于电力系统稳定运行关键技术，保障能源安全；"先进金属结构材料技术教育部重点实验室"聚焦新型合金研发，推动航空航天材料革新。这些尖端平台产出的一系列原创性成果，充分体现了重大的科研活力，同时对促进产业变革和社会进步具有深远意义。

期待各位学子来到重庆大学，愿你以梦想为帆，以勤奋为桨，勇敢探索，开启智慧与成长的航程。

西南大学

综合类 "211工程" "双一流"

西南大学,成立于1906年,初称"川东师范学堂"。2005年,西南师范大学和西南农业大学合并组建为"西南大学"。校训为"含弘光大、继往开来"。学校是教育部直属重点综合大学,在教育、农业等领域成果显著。

优秀校友

西南大学拥有许多杰出校友。比如,袁隆平被誉为"杂交水稻之父",极大提高粮食产量;吴明珠培育出多个优良甜瓜品种;向仲怀在蚕桑学领域贡献突出。他们的成果为农业发展作出巨大贡献。

校园氛围

西南大学鼓励师生投身多元化的科研活动。"长江上游农业与环境重点实验室"探索可持续农业模式;"数字乡村与智慧农业"项目联合信息科学与农业经济学者,构想未来农村蓝图。这些跨学科合作展现了西南大学在培育复合型人才方面的独特方法。

校园风采

西南大学的校园景色如诗如画。"崇德湖"湖水清澈,碧波微漾,湖边绿树成荫,美不胜收。"共青团花园"四季繁花似锦,曲折甬路、垂柳成行,还有藤萝顶长廊供人休憩。中心图书馆外观造型大气,知识的气息扑面而来。"玉兰苑"中玉兰绽放,《玉兰赋》增添文化韵味。"袁隆平雕像"和蔼可亲,激励西南学子奋进。中心体育馆如飞碟般独特。校园各处美景交织,尽显学术氛围与自然之美,令人陶醉其中。

学术专长

西南大学在科技创新领域有出色表现。"农业农村部作物生理生态与耕作重点实验室"精进作物栽培技术,保障粮食安全;"重庆市光电薄膜与器件工程技术研究中心"致力于柔性显示材料开发,引领电子信息产业升级;"西南民族药资源利用与保护重庆市重点实验室"挖掘中药宝库,促进传统医药现代化。这些科研机构的突出成就为社会经济发展注入强劲动力。

热忱欢迎各位学子踏入西南大学,愿你用努力书写未来,开启智慧人生。

重庆邮电大学

`理工类` `普通本科`

重庆邮电大学，成立于 1950 年，初称"东川邮政管理局邮政人员培训班"。1951 年改建为"西南邮电分校"。1953 年改为"重庆邮电学校"。2006 年更名为"重庆邮电大学"。校训为"修德、博学、求实、创新"。重邮在信息通信领域特色鲜明，为国家培养了大量优秀人才。

优秀校友

重庆邮电大学拥有许多杰出校友。比如，窦建荣在移动通信和无线通信领域取得了显著成就；李少谦在光通信和宽带通信技术领域取得了显著成就。他们凭借深厚的专业造诣和敏锐的市场洞察力，为信息通信行业的繁荣与发展作出了显著贡献。

校园氛围

重庆邮电大学师生共同参与跨学科科研实践。"新一代宽带无线通信网"攻关 5G 关键技术；"智能感知与认知计算"融汇人工智能、机器视觉与数据挖掘，拓展智能系统边界。通过这些深度交叉合作，激发学子学术活力，培养具有国际竞争力的复合型人才。

校园风采

重庆邮电大学的校园景色美不胜收。从"腾飞门"进入，"樱花大道"便映入眼帘，晚樱盛开时花团锦簇，如诗如画。大道尽头的小山坡上，樱花绽放，亭阁水池相映成趣。老图书馆附近的樱花秘境中，长廊、水池、樱花林与紫藤构成一幅宁静而优美的画卷。"信科大厦"周边，"赫兹雕塑"与樱花相得益彰。还有那"太极湖"，湖水清澈，绿树环绕。

学术专长

在科研创新方面，重庆邮电大学屡创佳绩。"光电技术与系统教育部重点实验室"精研光子集成与新型显示技术，开拓信息传输新途径；"工业物联网与网络化控制重庆市重点实验室"深耕智能制造与物联网安全；"复杂系统科学研究中心"探索大数据分析与预测模型，助力决策科学化；"生物信息学研究所"运用算法解析生命密码，推进精准医疗。这些项目在多个维度为社会进步与可持续发展贡献力量。

欢迎来到重庆邮电大学，愿你以创新为翼，勤奋为基，开启科技与智慧的探索之旅。

重庆交通大学

重庆交通大学，成立于1951年，初称"西南交通专科学校"。1960年组建为"重庆交通学院"。2006年更名为"重庆交通大学"。校训为"明德行远、交通天下"。重庆交通大学在交通领域成就突出，为国家培养了大量交通建设人才，在桥梁、道路等方面贡献卓越。

优秀校友

重庆交通大学拥有许多杰出校友。比如，郑皆连首创中国双曲拱桥无支架施工新工艺，解决了不立拱架修建拱桥的难题；孟凡超先后主持、组织、参加完成了20多项国内外著名的特大型桥梁工程的勘察设计工作。他们在交通领域的成就为国家建设作出重要贡献。

校园氛围

重庆交通大学师生共探多学科交融之境。"山岭地区公路建设与养护技术交通行业重点实验室"攻克山区筑路难题；"桥梁结构工程与健康监测"项目融合土木工程与传感器技术，保障桥梁安全运营。通过科研任务，学校致力于培养兼具专业技能与创新能力的复合型人才。

校园风采

重庆交通大学的校园景色别具魅力。"李子湖"湖水清澈，周边绿树环绕，偶有天鹅游弋，湖畔宁静而优美。

"银杏路"在特定时节，满树金黄，与周边景色相映成趣。学生活动中心充满青春活力，见证着同学们的多彩生活。校史馆承载着学校的厚重历史。操场和体育馆洋溢着运动的激情。校园中的国家级科研平台彰显着学术实力。这里处处充满着青春与活力、学术与自然之美。

学术专长

重庆交通大学在科技创新上锐意进取，屡创佳绩。"山区桥梁及隧道工程国家重点实验室"突破复杂地形下的建桥隧难题，确保交通动脉畅通无阻；"城市交通智能化技术协同创新中心"整合大数据与人工智能，提升城市交通效率；"智慧物流与供应链管理研究中心"重塑物流生态格局。这些成果体现交大科研影响力，促进经济与环境和谐共生。

入重庆交通大学，在交通领域攀登，铸辉煌未来篇章。

广东

中山大学

综合类　"211工程"　"985工程"　"双一流"

中山大学，成立于1924年，初称"国立广东大学"。1926年，为纪念孙中山先生，更名为"国立中山大学"。校训是"博学、审问、慎思、明辨、笃行"。近百年来，学校始终秉持着优良的学术传统和教育理念，为国家培养了大批杰出人才。

优秀校友

中山大学培育出众多业界精英。比如，曾益新专注肿瘤防治，成果斐然，贡献巨大；陈新滋在不对称合成和有机催化方面成就斐然，推动了相关学科的发展。他们以其非凡成就，为社会进步与科学发展作出了不可磨灭的贡献。

校园氛围

中山大学倡导跨学科协同与学术创新，师生共探未知边界。"天琴空间引力波探测计划"融合物理学与航天科技，聆听宇宙深处的声音；"岭南现代农业科学与技术广东省实验室"赋能现代农业升级。这些前沿项目展示了中山大学在科技创新与人才培养方面的坚实步伐。

校园风采

中山大学风景如画。"怀士堂"前校训醒目，孙中山先生曾在此演讲。"马丁堂"是早期钢筋混凝土建筑，奠定了风格基调。"格兰堂"有"大钟楼"之称，现为校史陈列馆。"陈寅恪故居"承载大师记忆，门前有铜像。"惺亭"纪念烈士，"黑石屋"曾住有学者。校园内"孙中山铜像"也是标志性景点。珠海校区海琴楼群别具特色，深圳校区建筑与生态相融。各校区皆有各自独特魅力，令人向往。

学术专长

中山大学在科研领域展现出强劲的创新活力。"脑科学研究中心"深入神经科学，为认知障碍疾病提供新疗法。"光电材料与技术国家重点实验室"聚焦新型半导体材料，推动光电器件革命。"大气环境观测与模拟重点实验室"监测空气质量，助力建设美丽中国。这些尖端研究项目为解决全球性问题提供了科学方案，推动了人类社会的持续健康发展。

欢迎加入中山大学，愿你传承中大精神，以卓越成就书写个人辉煌，为社会进步贡献力量。

华南农业大学

综合类　"双一流"

华南农业大学，成立于 1909 年，初称"广东全省农事试验场及附设农业讲习所"。1952 年，由国立中山大学农学院、私立岭南大学农学院和广西大学农学院畜牧兽医系及病虫害系的一部分合并成立"华南农学院"。1984 年更名为"华南农业大学"。校训为"修德、博学、求实、创新"。

优秀校友

华南农业大学拥有众多杰出校友。卢永根院士一生致力于水稻遗传研究，为我国农业发展作出卓越贡献；温思美教授在农业经济领域成果斐然，为国家农业政策制定提供重要依据；刘耀光院士在植物基因研究方面取得重大突破，推动了农业生物技术的发展。

校园氛围

华南农业大学鼓励师生投身于多元化的科研实践。"岭南特色水果分子设计育种"整合遗传学与园艺科学，培育高产优质品种；"智能农业装备研发"集融合机电一体化与农学智慧，提升农业生产效率。这些项目展示了华农师生在科技创新与可持续农业发展上的不懈追求。

校园风采

华南农业大学风景如诗如画。"五湖四海一片林"，"鄱阳湖"等五湖，湖水激滟；"茶山草海"等四海，绿草如茵。紫荆桥东西两侧紫荆花交替绽放，美不胜收。"木兰园""紫薇杜鹃园""山茶园""桂花园"，四季花开，各有风情。"树木园"物种丰富，是自然的宝库。"湿地公园"清幽静谧，春有红樱三角梅，夏有荷花睡莲。

学术专长

华南农业大学在现代农业科技领域展现出卓越成就。"亚热带农业生物资源保护与利用国家重点实验室"挖掘作物抗逆基因，强化粮食安全屏障。"人畜共患病研究所"突破病毒溯源技术，守护公共卫生防线。"土壤修复与生态重建实验室"开发重金属污染治理新技术，恢复土地生机。这些尖端科研成果对保障食品安全、维护生态平衡具有深远意义。

欢迎来到华南农业大学，愿你在这里以农为本，用知识和汗水浇灌梦想，开启精彩的学术与人生旅程。

华南理工大学

综合类　"211工程"　"985工程"　"双一流"

华南理工大学，成立于 1952 年，初称"华南工学院"。1988 年更名为"华南理工大学"。校训为"博学慎思，明辨笃行"。在近七十年的发展中，华南理工大学为国家培养了大量优秀人才，在工程、材料等领域成就卓越。

优秀校友

华南理工大学拥有众多杰出校友。何镜堂院士设计了上海世博会中国馆等众多标志性建筑，展现了中国建筑的独特魅力；李东生带领 TCL 成为全球知名的电子企业；成思危在经济领域贡献突出，为中国经济体制改革积极建言献策。

校园氛围

华南理工大学秉承开放包容的教学理念，积极推动跨学科研究。"智能交通系统优化"课题构建高效出行网络；"绿色能源材料制备"促进清洁能源转型。通过这些多领域融合的科研活动，华工师生共同探索未知世界，展现了学校在科技进步和社会发展中的作用。

校园风采

华南理工大学风景如画。五山校区有东区体育馆，见证历史；"老校训石"激励华南理工学子；"青砖堡"充满传奇；"百步梯"引领攀登；"日晷台"古朴大气；"孙中山雕像"彰显人文。

大学城校区的"仁厚里美育基地"艺术气息浓郁，"南门广场"古朴厚重，"文雍广场"意义非凡，"琴湖韵湖"意境优美。广州国际校区曲水流觞，河岸景观独特，e5 双创中心科幻感十足，e3 图书馆造型别致，还有"红色甲工"英雄人物群像。

学术专长

华南理工大学在高科技领域屡创佳绩。"无人系统与自主控制实验室"研发先进无人机群控算法，开启智能巡检新时代。"高性能复合材料研发中心"突破轻量化材料关键技术，赋能航空航天工业升级。"大数据与云计算研究所"构建数据驱动决策模型，加速智慧城市进化步伐。"可再生能源转化实验室"，攻克生物质能转换难题，推进绿色能源体系构建。

欢迎来到华南理工大学，愿你以创新为魂，勤学善思，铸就科技梦想。

华南师范大学

师范类　"211工程"　"双一流"

　　华南师范大学，成立于1933年，初称"广东省立勒勤大学师范学院"。历经多次变迁与发展，1982年更名为"华南师范大学"。校训为"艰苦奋斗、严谨治学、求实创新、为人师表"。在九十余年的历程中，华南师范大学为国家培养了大批优秀的教育人才和各领域精英。

优秀校友

　　华南师范大学拥有众多杰出校友。刘颂豪院士，在激光领域取得卓越成就，为我国光学事业发展作出重大贡献；莫雷在心理学领域成果斐然，推动了我国心理学研究的进步；郑泽光致力于外交事业，在国际舞台上展现中国风采。

校园氛围

　　华南师范大学倡导跨学科交融，激发学术活力。"数字人文研究中心"联合历史学与计算机科学，重构文化记忆图谱；"生态环境模拟与预测"课题，融合地理信息与环境科学，预警自然灾害风险。这些跨领域协作平台共同书写了科技与人文的崭新篇章。

校园风采

　　华南师范大学广州校区石牌校园，文化广场景色宜人，"孔子群雕""陶行知雕像"与百余种植物相映成趣。第一课室大楼沉稳庄重。"中心湖"湖水波光粼粼，周边景致优美。而那美丽异木棉，每年9月底10月初盛开，花期漫长，灿烂如霞，成为校园独特风景。人文气息与自然之美交融，每一处角落都诉说着知识的魅力与岁月的故事，令人陶醉其中。

学术专长

　　华南师范大学在科研创新方面成绩斐然。"脑与心理健康研究中心"深入探究认知神经科学，为心理疾病诊疗提供新思路。"教育信息技术国家地方联合工程实验室"引领智慧教育变革，打造未来学习生态系统。"粤港澳大湾区文化遗产数字化保护与传承基地"运用虚拟现实技术复原历史文化场景，弘扬中华优秀传统文化。这些前沿探索，充分体现了华师在推动科技进步与社会发展中的责任担当。

　　欢迎来到华南师范大学，愿你以学为乐，追求卓越，成为教育的明日之星。

暨南大学

综合类　"211工程"　"双一流"

暨南大学，成立于 1906 年，初称"暨南学堂"。它是中国第一所由政府创办的华侨学府。历经多次调整与发展，在不同的历史时期都发挥了重要作用。校训为"忠信笃敬"。在百余年的发展历程中，为海内外培养了大量优秀人才。

优秀校友

暨南大学拥有众多杰出校友。苏炳添，中国短跑名将，多次在国际大赛中创造佳绩，展现了中国速度；汪国真，著名诗人，其作品影响了一代又一代人；吴学谦为中国的外交事业作出了卓越贡献。他们的成就彰显了暨大的育人成果。

校园氛围

暨南大学倡导跨学科融合与创新思维，师生共涉多元领域。"智能材料与结构健康监测中心"探索自修复建筑材料；"岭南文化与国际传播研究所"连接历史学与新闻传播学，拓宽中华文化海外影响力。这些跨科际项目展现了暨南大学卓越的教学理念。

校园风采

暨南大学风景如画。石牌校区有独特的"万国墙"，镌刻着学生来源国名称，尽显侨校特色。校史馆承载着百年历史。图书馆（满珍楼）如翻开的书本，馆前大树光影斑驳。图书馆广场有动人故事。"明湖"由师生挖掘，湖心有凉亭，湖边风景宜人。"真如路"充满大学味。"旭日运动场"的蓝色跑道，苏炳添曾在此奔跑，适合拍照与运动，也是赏落日佳处。各校区皆有独特魅力，等待人们去发现与感受。

学术专长

暨南大学在科技创新领域展现出色成就。"分子影像与转化医学研究中心"致力于生物标记物发现，推动个性化医疗进展。"微纳光子技术教育部重点实验室"精研新型光电材料，开拓下一代信息通信技术。"岭南传统建筑遗产保护与再生研究所"运用现代科技保护古迹，传承文化血脉。这些前瞻性项目，不仅彰显了暨大在科学研究领域的雄厚实力，更为社会进步和文明延续作出了重要贡献。

欢迎来到暨南大学，愿你在这海纳百川，勤学精进，成就学术与人生的辉煌。

南方科技大学

理工类 "双一流"

南方科技大学，成立于 2012 年。它是一所高起点、高定位的新型研究型大学。校训为"明德求是、日新自强"。在短短十余年的发展中，迅速崛起成为国内高等教育领域的一颗璀璨新星。

优秀校友

南方科技大学孕育出了多位行业翘楚。刘明侦以其在钙钛矿太阳能电池领域的前沿研究，大幅提升能源转换率；创业者张洋创立的无人机科技公司，领跑智能飞行器市场，推动产业升级。他们秉承创新精神，为科技进步与社会发展贡献力量，彰显南科大育人之卓越。

校园氛围

南方科技大学秉持跨界协同与探索未知的精神，孕育出创新之花。"海洋科学与工程系深海微生物生态研究"探寻海底生命奥秘；"量子科学与工程研究院拓扑量子态调控"融合物理学与材料科学，开创量子信息新纪元。这些跨学科学术交流与实践，生动诠释了南科大对学术自由及合作学习的承诺。

校园风采

南方科技大学景色优美。"琳恩图书馆"设计独特，是学习的最佳处。"九山一水"构成独特景观格局，山水相映。"避世楼"见证历史变迁。校园湖泊常有白鹭栖息，生态之美尽显。理学院颇具现代风格。百年榕树枝叶繁茂，见证发展。学生餐厅、湖畔书院各有特色。"涵泳图书馆"富有文化气息。"松禾体育场"和"润杨体育馆"是体育活动之地。

学术专长

南方科技大学在科研探索上锐意进取，多个核心实验室成就斐然。"先进功能材料研究所"研发新型纳米催化剂，有效提升能源转化效率。"人工智能与机器人研究中心"攻克复杂环境下的智能感知难题，加速无人驾驶技术成熟。

"气候变化与碳循环实验室"精研碳捕集与存储技术，致力于降低温室气体排放。这些前沿科研活动不仅彰显了南科大的学术影响力，更为构建和谐共生的人类命运共同体添砖加瓦。

期待各位学子走进南方科技大学，愿你在这里勇于创新，勤于探索，挑战自我，成就辉煌。

广州医科大学

医药类 "双一流"

广州医科大学，成立于 1958 年，初称"广州医学院"。2013 年，经教育部批准更名为"广州医科大学"。校训为"厚德修身，博学致远"。在多年的发展历程中，始终坚持医学教育与科研创新，致力于培养高素质医学人才，为医疗卫生事业作出了卓越贡献。

优秀校友

广州医科大学培育出众多杰出校友。钟南山院士在抗击非典和新冠肺炎疫情中发挥了中流砥柱的作用，为全球抗疫作出卓越贡献；王新华教授在传染病防治等领域成果显著；陈荣昌教授在呼吸疾病领域深入钻研，推动医学进步。

校园氛围

广州医科大学师生紧密协作于前沿科研项目。"呼吸疾病国家重点实验室"聚焦呼吸道病毒防控策略，医工结合，深入探究疫苗研发与临床应用；"再生医学与干细胞研究所"探索组织修复新技术，这种跨领域协同模式激发了创新能力，为医疗卫生事业的进步注入新活力。

校园风采

广州医科大学，番禺校区现代感十足。行政楼、科技大楼等建筑林立，"清水湖"畔景色宜人，植被丰富。越秀校区充满历史韵味。南门、教学楼等见证历史变迁，校道绿树成荫。这里不仅有优美的校园环境，更有浓厚的学术氛围。师生们在教学楼中求知探索，在运动场上挥洒汗水。

学术专长

在广州医科大学，科研创新持续引领医学前沿。依托"国家呼吸系统疾病临床医学研究中心"，该校在新型冠状病毒变异机理与防治策略上取得重大突破，为全球抗疫贡献中国智慧。"分子影像与精准诊疗研究中心"实现对多种恶性肿瘤的早期诊断与个性化治疗。"脑科学与神经退行性疾病研究院"聚焦阿尔茨海默病，研究成果有望转化为临床疗法。这些高水平研究项目深刻体现了广州医科大学致力于解决人类重大健康问题的社会责任与担当。

踏入广州医科大学，用智慧创造未来，开启一段充满挑战与机遇的学术旅程。

广州中医药大学

　　广州中医药大学，成立于1924年，初称"广东中医药专门学校"。1995年更名为"广州中医药大学"。校训为"厚德博学、精诚济世"。在百余年的发展历程中，学校始终致力于中医药教育、科研与临床服务，为国家培养了大量优秀的中医药人才。

优秀校友

　　广州中医药大学拥有众多杰出校友。国医大师邓铁涛，为中医药事业的传承与发展作出卓越贡献；禤国维在皮肤病治疗领域成就斐然；周岱翰在中医肿瘤学方面成果显著。他们以精湛的医术和高尚医德，推动中医药在临床实践中的应用与创新。

校园氛围

　　广州中医药大学师生共探传统医学与现代科技交汇点。"岭南中药资源开发与利用重点实验室"挖掘本草精华，创新药物配方。"中医智能诊疗系统"开发AI辅助诊断平台，提升医疗服务效能。通过这类跨领域协作，广州中医药大学师生开拓出了中医药创新发展之路。

校园风采

　　广州中医药大学风景独具魅力。校园内，广东中医药博物馆的室外展区有"药王山""时珍山"，中草药繁茂生长。"岭南名医壁""医圣张仲景雕塑"彰显医学传承。博物馆内，医史馆、中药馆等八大主题展馆，展现出中医药的博大精深。这里不仅是知识的殿堂，更是中医药文化的传承之地。

学术专长

　　广州中医药大学在传承创新中展现科研魅力。"岭南传统医药现代化教育部重点实验室"深挖经典方剂奥秘，运用现代制药技术提升中药疗效，惠及全球患者。"中医药大数据分析与应用研究中心"整合海量临床资料，开创个性化医疗新时代。"针灸与康复工程实验室"研制智能化康复设备，拓展非药物疗法边界。这些跨学科研究项目，不仅彰显广中医深厚的传统医学底蕴，也体现了其在现代科技驱动下对人类健康的持续贡献。

　　欢迎各位学子走进广州中医药大学，在这里传承岐黄薪火，弘扬国医精粹。

深圳大学

综合类　普通本科

深圳大学，成立于1983年。校训为"自立、自律、自强"。深大秉持开放创新的理念，积极探索高等教育改革之路。多年来，培养了大批优秀人才，在教学、科研等方面取得了显著成就，为深圳乃至全国的发展贡献力量。

优秀校友

深圳大学拥有众多杰出校友。马化腾创立腾讯，推动中国互联网发展；史玉柱在商业领域创造多个传奇；孟晚舟展现出坚韧不拔的精神。他们以卓越成就为深大增添光彩，激励着深大学子们不断奋进。

校园氛围

深圳大学秉承跨界融合与创新驱动教育理念，师生共创未来科技。"光电子器件与系统教育部重点实验室"研发的高灵敏度光电传感器，赋能万物互联时代。"城市空间信息工程系"打造智慧城市场景模拟平台。这些跨学科项目培养了深大人的综合能力。

校园风采

深圳大学风景如画。"时光广场"的日晷见证四季变迁；"天人广场"连接两座图书馆，处于校园中心。"汇智楼"（南图书馆）收藏理工科图书，修缮后更具魅力。"文山湖"静谧，鸭子鱼儿嬉戏，湖边景色宜人。"杜鹃山"有故事，"环山栈道"增添别样景致。档案馆承载校史文化。文科楼荔枝树环绕，春夏之交别有韵味。田径运动场活力满满。高尔夫练习场独具特色。深大校园，处处皆美景，令人陶醉。

学术专长

在深圳大学，科技创新与人文关怀交织成独特风景线。"广东省滨海土木工程耐久性重点实验室"致力于沿海建筑结构抗腐技术研发，守护城市基础设施安全。"光通信超快处理技术研究中心"突破光纤通信瓶颈，加速5G网络普及进程。"环境污染控制与资源化研究团队"专注工业废水净化技术升级，推动循环经济体系建设。上述项目不仅彰显深大在工程技术领域的卓越追求，更体现高等教育机构的社会责任与担当。

期待各位学子加入深圳大学，在这里追逐梦想，绽放青春光彩，共创美好未来。

南方医科大学

医药类　普通本科

南方医科大学，成立于1951年，初称"中国人民解放军第一军医大学"。2004年整体移交广东省，更名为"南方医科大学"。校训为"博学笃行，尚德济世"。学校自成立以来，培养了众多优秀医学人才，在医学教育和科研方面成绩斐然。

优秀校友

南方医科大学培育出众多杰出校友。钟世镇院士，在人体解剖学领域成就卓越，为医学教育和临床应用方面作出巨大贡献；侯凡凡院士在肾脏病学方面成绩斐然，为患者带来希望；刘超在法医遗传学和法医毒物分析方面作出了突出贡献。他们在各自的领域为国家的医疗卫生事业作出了巨大贡献。

校园氛围

南方医科大学师生共研跨学科项目。"消化道肿瘤早诊早治关键技术研究"攻克癌症早期识别难题。"脑机接口与康复机器人实验室"创制智能助残装备。此类深度合作项目，不仅拓宽了南医大学子的专业视野，更催化了医学科技的革新与发展。

校园风采

南方医科大学顺德校区风景如诗如画。"凌云塔"高耸，是标志性建筑，临近"虹桥"，可立凌云之志。图书馆坐落于中轴线上，对称布局，融入传统书院风格。"牡丹亭"依湖而建，翼然于虹桥边。紫荆坛庄严厚重。"春华堂""秋实堂"分别为教学楼与实验楼。"景湖"碧波荡漾，"虹桥"弯梁与月色相映。"陶然轩"是温馨食堂。校园内园林景观、连廊充满古典韵味与岭南风情。

学术专长

南方医科大学在科研领域锐意进取，屡创佳绩。"国家感染性疾病临床医学研究中心"聚焦传染病防治，构建疫情预警模型。"分子影像与纳米医学研究所"开发靶向药物递送系统，提升肿瘤治疗效果。"衰老与再生医学研究院"深入探究生命周期调控机理，为延缓衰老提供科学依据。这些跨学科研究项目，既彰显了南医大在医学科技上的深厚积累，也体现了其对提高人类生活质量的不懈追求。

欢迎来到南方医科大学，愿你以医者仁心，勤学苦练，开启健康守护者的神圣使命。

广州大学

综合类 普通本科

广州大学，成立于 1927 年，初称"私立广州大学"。此后历经多次调整与变迁。2000 年，多所高校合并组建为新的"广州大学"。校训为"博学笃行，与时俱进"。在近百年的发展历程中，广州大学为国家和地方培养了大批优秀人才。

优秀校友

广州大学拥有众多杰出校友。比如，曾任阿里巴巴集团 CEO 的陆兆禧带领团队创建支付宝，并担任支付宝总裁；企业家梁耀铭，带领企业在医学检测领域创新发展。他们在各自领域贡献突出，为社会发展注入强大动力。

校园氛围

广州大学孕育了众多跨学科科研硕果。"新型城镇空间智能感知与服务技术"精细描绘智慧城市蓝图。"微纳能源材料与器件研发中心"攻关自供电传感网关关键技术。此类深度交叉的合作模式催化了创新思维的火花，为地方经济社会发展注入活力。

校园风采

广州大学风景如画。"校训塔"屹立"中心湖"边，"中心湖"碧波荡漾，"博雅桥"连贯东西，"德馨亭"承载学子之志。图书馆坐落于中轴，风格独特，为全国最大的校园单体图书馆。"党建红色文化长廊"可研习党史。文科楼群取名源于杜甫之诗，理科楼群是理科专业上课地点。演艺中心艺术气息浓郁。天文台、天象馆开启天文之旅。创新创业空间为青年提供平台。校园处处皆美景，充满人文与创新气息。

学术专长

广州大学立足科技创新高地，多项研究成果引领未来趋势。"广东省光电材料与器件工程技术研究中心"突破光电子器件效能瓶颈，为新一代信息技术奠定坚实基础。"城市地下空间智能建造与运维技术研究中心"革新地下空间利用模式，保障城市基础设施安全运行。上述科研实体的卓越表现，彰显了广大学者在交叉领域深度融合的创新能力，同时致力于解决社会重大挑战，书写高等教育服务国家战略的新篇章。

欢迎来到广州大学，愿你在这里广博学习，锐意进取，开启一段丰富多彩的学术旅程。

汕头大学

综合类 普通本科

汕头大学，成立于 1981 年。学校一直秉持"有志、有识、有恒、有为"的校训。汕头大学是由教育部、广东省人民政府、李嘉诚基金会三方共建的高等院校，在人才培养、科学研究等方面取得了显著成就，为社会输送了大量优秀人才。

优秀校友

汕头大学的校友们在不同领域发光发热。比如，徐立新现为广州岭南电缆有限公司总经理，连续两届被评为佛山市"十大杰出青年"；蔡荣军带领企业开展摄像头业务，从零开始做到全球领先，进入苹果和华为的核心供应链。他们在各自的领域不断拼搏进取，为社会发展注入了强大动力。

校园氛围

汕头大学倡导跨学科协同创新，营造开放多元的学习氛围。比如"潮汕传统工艺与现代设计融合"项目赋予非遗新活力；"生物医用材料研发"探索人体组织修复新路径。通过这类跨域合作加速成果转化，体现了学校对复合型人才培养的重视与承诺。

校园风采

汕头大学风景独特。"真理钟"屹立校园草坪中心，时刻提醒学子们追寻真理。"亚洲最美图书馆"造型别致，入口雕塑增添艺术气息。"日月湖"风景优美，周边有朱铭的绅士雕塑群，艺术人文氛围浓厚。医学院教学楼似"脑干"，独具特色。体育场活力满满。汕大校园，处处皆美景，既充满艺术魅力，又彰显学术氛围，是学子们求学的理想之地，等待着人们去探索、去感受其独特的魅力。

学术专长

汕头大学聚焦前沿科技，锐意进取。"再生医学研究所"攻克干细胞分化难题，开启器官再生医学新时代；"海洋智能装备研发中心"研制深海探测器，拓展海洋资源开发视野；"纳米材料与器件重点实验室"创新光电转换效率，驱动清洁能源产业升级。上述科研实体的突出贡献，不仅彰显汕大的综合实力，更为国产科技自立自强注入强劲动力。

> 欢迎加入汕头大学，用知识和努力铺设未来之路，开启一段充满挑战与成长的学习旅程。

四川大学

四川大学,成立于1896年,初称"四川中西学堂"。历经百年沧桑,多次合并调整,发展成为一所学科门类齐全、综合实力雄厚的高水平大学。校训为"海纳百川,有容乃大"。川大在百余年的发展历程中,为国家培养了无数杰出人才。

优秀校友

四川大学优秀校友众多。马丁致力于氢碳资源转化,成果丰硕;谭先杰在妇科肿瘤领域贡献突出;中国科学院华罗庚数学重点实验室田野主任解决了复乘情况下的 p- 逆问题。他们以卓越成就为母校增光,激励着学子们奋发向前,展现了川大的深厚底蕴与育人成果。

校园氛围

四川大学崇尚创新融合与跨学科学习。"纳米医药与生物材料"项目开拓疾病诊疗新路径;"丝路文化遗产数字化"课题,联袂历史学、考古学与信息科学精英,重塑古道记忆。此类项目彰显川大教育特色,鼓励师生跨越学科界限,共创知识价值。

校园风采

四川大学,魅力非凡。望江校区,梁思成设计的行政楼独具特色,玉章路秋天银杏金黄,"天使林"观鸟佳处,"文华大道"银杏纵深感强,化学馆百年银杏,"尊经阁"银杏小道意境满满,"荷花池"荷花盛开。江安校区,"明远大道"银杏静立,景观水道镌刻校史,古朴东门韵味十足。华西校区,"钟楼"标志性建筑,"启德堂"阶梯、"仁德堂"、"敬德堂"别具特色。

学术专长

四川大学在学术研究领域展现出卓越的创新能力与深厚积累。"口腔疾病研究国家重点实验室"在口腔干细胞治疗技术上取得突破。"华西医院生物治疗国家重点实验室"深入探索 CAR-T 疗法,开启肿瘤个性化治疗新时代。"高分子科学与工程学院先进高分子材料研究中心"研发智能响应型高分子材料。这些科研成就,既彰显了川大在多学科交叉领域的领先地位,又深刻影响着人类生活的方方面面,为科技进步和社会福祉添砖加瓦。

欢迎来到四川大学,愿你在此以学识为剑,以梦想为盾,勇攀学术高峰,书写人生新篇章。

电子科技大学

理工类　"211工程"　"985工程"　"双一流"

　　电子科技大学，成立于1956年，初称"成都电讯工程学院"。1988年，更名为"电子科技大学"。校训为"求实求真、大气大为"。学校以电子信息科学技术为核心，在通信、电子等领域培养了大批优秀人才，为我国科技进步作出了卓越贡献。

优秀校友

　　电子科技大学涌现出了许多杰出校友。比如，丁磊，网易创始人，在互联网行业取得了巨大成功，推动了中国互联网的发展；孙亚芳，在通信领域有着卓越贡献；李言荣院士，在电子材料领域成果丰硕。

校园氛围

　　电子科技大学以创新为核心驱动力，推崇跨学科协同育人模式。"光子集成芯片研究院"攻克高速光通信难题。"可信人工智能研究中心"塑造伦理智能未来。此类项目体现电子科大对于学术探索无界的精神，激励师生携手同行，在科技前沿书写新篇章。

校园风采

　　电子科技大学，清水河校区风景如画。主楼大气典雅，获"鲁班奖"且入选经典工程。图书馆似"八角书斋"，外有美景，内具科技感。东、西湖各具特色，"东湖"有捕鱼节和全鱼宴，"银杏大道"秋季金黄，是最美观赏地。"钢琴小屋"温馨，供学生放松。沙河校区体育馆对外开放。校园四季有花，玉兰、迎春花、樱花等增添生机。电子科大校园，科技与自然相融，等待学子们去探索，发现更多美丽之处。

学术专长

　　电子科技大学在科研方面硕果累累。"电子薄膜与集成器件国家重点实验室"专注于电子材料与器件的研究，为我国电子信息产业发展提供关键技术；"通信抗干扰技术国家级重点实验室"在通信领域不断创新，保障国家通信安全。这些前沿平台充分展现了电子科大的科研实力和创新能力。

　　欢迎来到电子科技大学，愿你在这里翱翔于知识的天空，飞越知识的边界，探索未来的无限可能。

西南财经大学

财经类 "211工程" "双一流"

西南财经大学，成立于 1925 年，初称"上海光华大学"。1938 年在成都设立分部。1952 年至 1953 年组建成"四川财经学院"。1985 年更名为"西南财经大学"。校训为"严谨、勤俭、求实、开拓"。在近百年的发展历程中，西财为国家培养了众多财经领域的杰出人才。

优秀校友

西南财经大学拥有众多优秀校友。比如，刘家义在审计领域发挥了重要领导作用；马蔚华推动中国银行业的创新与发展；曾康霖教授在金融学术研究方面成绩斐然。他们以卓越的成就为学校增添光彩。

校园氛围

西南财经大学师生跨界研创活力充沛。"中国家庭金融调查与研究中心"洞察国民财富脉动。"数字经济与区块链实验室"结合信息科学与金融智慧，构建未来交易范式。这些项目激发师生于多元领域碰撞灵感，共同铸就知识与实践的辉煌篇章。

校园风采

西南财经大学，柳林校区光华大学校门周边银杏成景。"创业大道"环线内，"经世楼""颐德楼"等教学楼林立，"其孜楼"图书馆温馨且文献丰富，"通博楼""滕骧楼"各具特色。光华

校区住友苑前"樱花林"，三月花开如云如雪。校史馆承载辉煌历史。校园处处充满魅力，即将增设的文化景观更添期待。西财校园，既具历史韵味，又有现代气息，等待着学子们去探索。

学术专长

西南财经大学，凭借敏锐的市场洞察力与学术创新精神，孕育出一系列前沿科技成果。"金融科技研究中心"深度融合大数据与金融风险管理，开创智能投资新时代。"区块链应用研究所"探索分布式账本技术在供应链金融中的应用，重构信任机制。这些尖端项目，不仅彰显了西南财经大学在新兴领域的科研实力，更致力于解决社会经济发展中的关键问题，为建设现代化经济体系添砖加瓦。

欢迎来到西南财经大学，愿你在这里以智慧驾驭经济，以创新引领未来，成为经济领域的行业先锋。

西南交通大学

理工类 "211工程" "双一流"

西南交通大学，成立于1896年，初称"北洋铁路官学堂"。后历经多次更名，1972年定名为"西南交通大学"。校训为"精勤求学、敦笃励志、果毅力行、忠恕任事"。学校在轨道交通等领域贡献卓越，培养了大批专业人才。

优秀校友

西南交通大学优秀校友众多。茅以升主持修建钱塘江大桥，成为中国桥梁史上的里程碑；竺可桢是中国近代地理学和气象学的奠基者；黄万里在水利工程学方面有深刻见解。他们以卓越成就彰显母校风采，激励着学子们为国家建设贡献力量。

校园氛围

西南交通大学师生齐心探索跨学科学术边界。"轨道交通国家实验室"集思广益于车辆工程、信号控制，共创高铁技术新高度。在此类项目中，西南交通大学师生与来自各领域的伙伴紧密协作，激荡思维火花，加速科技融合与突破，共筑智慧交通的美好愿景。

校园风采

西南交通大学，犀浦校区有美丽的"天鹅湖"，湖水激滟，天鹅优雅。"银杏大道"秋季一片金黄，如诗如画。图书馆周边文化气息浓郁，"机车博物馆"展示着铁路故事。"虹桥"连接各处，充满活力。浙园宁静，是休闲的好去处。九里校区镜湖未来将有特色荷花景观。"堂吉诃德像"昭示学子勇敢姿态。"求实路"毕业季打卡点回忆满满。西南交大校园，美景与人文交织，处处散发着独特魅力，等待着学子们去探索与感受。

学术专长

西南交通大学屡创科研佳绩。"轨道交通国家实验室"聚焦高速列车技术创新，引领世界铁路运输革命。"智慧城市交通研究所"运用物联网与大数据优化城市交通网络，打造高效出行体验。"新材料研发中心"研发高性能复合材料，赋能航空航天与基础设施升级。上述卓越项目为推动经济社会高质量发展注入强劲动力，促进人与自然和谐共生。

踏入西南交通大学，用知识铺设前程，以学无止境的精神，探索未知，成就自我。

四川农业大学

农林类　"211工程"　"双一流"

四川农业大学，成立于1906年，初称"四川通省农业学堂"。经多次改名，1985年学校获批更名为"四川农业大学"，并沿用至今。校训为"追求真理、造福社会、自强不息"。川农培养了众多农业领域的优秀人才，为国家农业发展作出了巨大贡献。

优秀校友

四川农业大学培育出许多杰出校友。比如，周开达院士在水稻育种方面成就卓越，为解决粮食问题立下汗马功劳；荣廷昭院士在玉米遗传育种领域贡献突出。还有众多在畜牧、园艺等领域发光发热的校友，他们以卓越成就为母校增光添彩。

校园氛围

四川农业大学师生广泛投身多学科交叉研究。"作物基因组学与生物信息学中心"解锁农作物高产优质之谜。"乡村振兴战略研究院"探寻农村发展新路径。在这些项目中，川农大师生跨越传统界限，与各界学者深入交流，共促农业科技革新与社会进步。

校园风采

四川农业大学，雅安校区有"老板山"读书公园，设施齐全，山顶有实验基地和观赏树木园。"银杏园"每至秋季，金黄纷飞，美不胜收。都江堰校区"九曲桥"似仙境。校史陈列馆展示学校荣耀。"银杏大道"也获"成都最美银杏街道"提名。成都校区"拓荒牛雕塑"，彰显川农大精神。各校区还有古建筑、科创中心、图书馆等景观。

学术专长

四川农业大学在生物科技与农业可持续性研究方面独树一帜。"作物逆境生物学国家重点实验室"解析植物应对极端环境的分子机制，培育抗逆性强的新品种。"食品安全与营养健康中心"利用现代分析技术，确保食品品质与安全。"智慧农业技术研发平台"提升农业生产效率与环保水平。上述成就不仅凸显了川农大在现代农业科技创新方面的领军地位，更为保障粮食安全、促进生态平衡作出了重要贡献。

欢迎来到四川农业大学，愿你在这里深耕知识，茁壮成长，成为农业领域的栋梁之材。

西南石油大学

综合类　"双一流"

西南石油大学，成立于 1958 年，初称"四川石油学院"。1970 年更名为"西南石油学院"。2005 年正式更名为"西南石油大学"。校训为"明德笃志，博学创新"。在六十余载的发展历程中，为国家能源事业培养了大量优秀人才，在石油与天然气领域成绩斐然。

优秀校友

西南石油大学拥有众多杰出校友。比如，罗平亚院士为提高油气采收率作出卓越贡献；周守为院士致力于海洋油气开发，推动我国海洋石油事业发展；邹才能院士在非常规油气勘探开发方面成果显著。他们的成就为国家能源安全提供了坚实保障。

校园氛围

西南石油大学构建多元学术生态。"深层油气高效勘探关键技术"项目融合地质科学与信息技术，破解地下宝藏密码。"新能源材料与器件研发中心"开发生物质能转换新技术。在这些实践中，西南石大师生共同书写能源科技新篇章，为实现绿色低碳目标贡献力量。

校园风采

西南石油大学，成都校区有博学广场，是师生们活动休闲之地；"龙井湖"景色优美，令人心旷神怡。南充校区的"老板山"读书公园，盘山公路蜿蜒，山顶实验基地与观赏树木园独具特色。校园内的教学楼、图书馆等建筑充满学术气息。

学术专长

西南石油大学在能源科技领域锐意进取，屡获佳绩。"油气藏地质及开发工程国家重点实验室"深研复杂油气藏开发理论，提高资源回收率。"非常规天然气研究院"攻克页岩气开采难题，拓宽清洁能源供给。"油气装备与控制工程中心"创新钻井与采油技术，提升行业智能化水平。这些前沿探索不仅彰显了西南石大在能源科学研究上的深厚功底，更为保障国家能源安全、推进绿色低碳转型作出了积极贡献。

> 欢迎莘莘学子报考西南石油大学，愿你在这里挖掘知识的宝藏，点燃创新的火花，成为能源领域的未来之星。

成都理工大学

理工类　"双一流"

　　成都理工大学,成立于1956年,初称"成都地质勘探学院"。2001年经教育部批准组建为"成都理工大学"。校训为"穷究于理,成就于工"。在六十多年的发展历程中,为国家培养了大量地质等领域的优秀人才。校史波澜壮阔,见证了我国地质事业的发展。

优秀校友

　　成都理工大学的优秀校友众多。比如,黄润秋在地质灾害防治领域贡献卓越,提出一系列创新理论和方法;王成善致力于研究古海洋学,取得重大突破;多吉在青藏高原地质找矿方面成果斐然。他们以杰出成就为母校增光添彩,激励着学子们勇攀科学高峰。

校园氛围

　　成都理工大学秉持创新协同与学术开放精神,师生投身跨领域探索。"地质灾害监测预警系统研发"项目整合地球科学与信息技术;"城市地下空间安全探测技术"项目融合土木工程与电子科学。这些实践激发师生协力解决实际问题,促进科学技术与社会发展同步跃升。

校园风采

　　成都理工大学的校园建筑与园林景观如绚丽画卷,魅力非凡。"逸夫楼"在芙蓉食堂旁,庄重典雅。"香樟教学楼"宽敞明亮,学术氛围浓厚。核工楼凸显专业特色。"砚湖"似明珠,湖水清、垂柳依。"九章广场"开阔,建筑与花草相映。校园大树如巨伞遮阳。春有樱花、桃花似仙境,夏送清凉,秋有银杏叶如金毯,冬添宁静。

学术专长

　　成都理工大学,在科研创新上锐意进取,展现多维实力。"地质灾害防治与地质环境保护国家重点实验室"在地质灾害预警与治理方面成果显著;"油气藏地质及开发工程国家重点实验室"为我国油气资源开发提供技术支撑。上述科研成就不仅彰显成理深厚的技术积淀,更积极回应国家需求与全球挑战,为构建和谐共生的人类命运共同体贡献力量。

　　踏入成都理工大学,愿你以好奇心探索,用智慧创造,开启精彩学术之旅。

成都中医药大学

医药类 "双一流"

成都中医药大学,成立于1956年,初称"成都中医学院"。1995年更名为"成都中医药大学"。校训为"厚德、博学、精思、笃行"。在六十多年的发展历程中,为国家培养了众多中医药领域的优秀人才。

优秀校友

成都中医药大学培育出众多杰出校友。比如,郭子光,著名中医内科专家,在中医理论和临床实践方面成就卓越;廖品正,在中医眼科领域贡献突出;梁繁荣教授,在针灸学研究方面成果显著。他们的成就推动了中医药事业的发展。

校园氛围

成都中医药大学鼓励跨学科学术交流。"中医药现代化关键技术研究平台"汇聚药学、生物信息学专长,挖掘中药复方机理。"针灸经络理论与临床疗效评价"项目揭示针灸治疗奥秘。成都中医药大学师生在此类项目中协作探究,突破学科边界,为守护人类健康福祉贡献力量。

校园风采

成都中医药大学景色独具魅力。温江校区,"药用植物园"内,各类药用植物生机勃勃,既是知识的宝库,又是自然的画卷。成都中医药大学博物馆庄重典雅,承载着中医药的厚重历史与璀璨文化。校园中绿树成荫,小径通幽,为学子们营造出宁静的学习氛围。十二桥校区设施虽较为古朴,但也散发着浓厚的学术气息。在这里,传统与现代交织,自然与人文相融。

学术专长

成都中医药大学在中医药现代化与国际化进程中扮演着关键角色。"四川省中医药科学院针灸经络研究所"结合现代生物学与传统针灸理论探索人体经络机制,提升临床治疗效果。"中医药分子药理重点实验室"采用分子生物学技术,解码中药活性成分作用靶点,加速新药研发进程。这些前沿研究项目,不仅凸显了成都中医药大学在中医药科技创新中的领先地位,更对增进全球人民健康福祉、推动中医药行业革新具有深远影响。

> 欢迎各位学子走进成都中医药大学,开启中医药之旅,传承中华瑰宝。

四川师范大学

师范类　普通本科

四川师范大学，成立于 1946 年，初称"川北农工学院"。后历经多次调整，1952 年重新组建为"四川师范学院"。1985 年更名为"四川师范大学"。校训为"重德、博学、务实、尚美"。在七十多年的发展历程中，为国家培养了大量教育领域的优秀人才。

优秀校友

四川师范大学培育出众多杰出校友。比如，张杰以独特的音乐风格在华语乐坛占据重要地位；周玉清因续写《红楼梦》后四十回而被誉为"女性续红第一人"，受到著名学者周汝昌、王利器等人高度评价。他们的成就彰显了母校的育人成果。

校园氛围

四川师范大学师生跨界协作频繁。"智慧教育云平台"建设项目优化远程教育资源。"心理健康教育课程"创新塑造全面育人环境。这些多学科交叉项目，彰显了四川师范大学在培育复合型人才方面的独特优势及对社会需求的敏锐洞察。

校园风采

四川师范大学的校园里，有许多独特之处。成龙校区的南风门气势恢宏，仿佛在迎接每一位学子的到来。狮子山校区的第六教学楼，承载着无数的知识与梦想。校园内的湖泊如明珠般镶嵌其中，湖水波光粼粼。还有那宁静的花园，繁花似锦，绿树成荫。漫步在校园中，感受着浓厚的文化氛围，每一个角落都充满着青春的活力与希望，让人陶醉其中，流连忘返。这里是梦想启航的地方。

学术专长

四川师范大学在教育科技与人文社科领域展现出非凡实力。"教师教育国家级实验教学示范中心"创新教育模式，培养高素质师资力量。"教育信息化与大数据研究中心"运用云计算与大数据分析，革新教育评估体系，推动个性化教学发展。这些前沿项目，不仅彰显了四川师范大学在科学研究与社会服务方面的卓越贡献，更为建设知识型社会与和谐共生的人居环境提供了有力支撑。

步入四川师范大学，愿你在这里点燃智慧之光，以热情和才华开启教育的精彩旅程。

西南科技大学

理工类　普通本科

西南科技大学，成立于 1952 年，初称"重庆第一土木建筑学校"。后历经多次调整与合并，2000 年组建为"西南科技大学"。校训为"厚德、博学、笃行、创新"。在七十余年的发展历程中，为国家培养了众多科技领域的优秀人才。

优秀校友

西南科技大学拥有众多杰出校友。比如，杨华德带领农业专家组在布隆迪选育水稻新品种，获"国家功勋成就奖"；庞中华推动中国硬笔书法发展；周冠南致力于矿山边坡稳定性研究，成果应用于实际工程。还有宋建波、张玲等，他们在各自领域成绩斐然。

校园氛围

西南科技大学秉承创新协同与学术多元，师生共探跨领域奥秘。"微纳光电器件与系统集成技术四川省重点实验室"汇聚光学工程、电子信息与材料科学精华，共创光电子器件革新；"北斗卫星导航应用工程技术研究中心"联动航天科技与地理信息系统，深化北斗产业化应用。此等项目彰显西南科大对学科交融与实践创新的矢志不渝，书写科技自强新篇章。

校园风采

西南科技大学风景如画。"中心湖"清澈如镜，周边景致宜人。西区与新区图书馆散发着浓厚的学术气息。"梧桐大道"与"银杏大道"各具特色，秋季时，梧桐落叶纷飞，银杏满树金黄。"龙山体育场"活力满满，柳池边柳树依依。校园内还有诸多教学楼、实验室等。漫步其中，感受独特文化氛围，领略四季不同美景。

学术专长

西南科技大学在科技创新领域展现出卓越的研究实力。"核废物与环境安全国防重点学科实验室"专注于核废物处理与环境安全研究，为国家核安全事业提供技术支持；"现代农业生物技术实验室"通过基因组编辑改良作物品种，增强粮食安全保障。这些前沿探索，不仅印证了西南科技大学在科研领域的深厚功底，更为应对全球挑战、促进经济社会进步提供了智力支持和技术保障。

欢迎来到西南科技大学，在知识的旅途上发现自我，驶向知识的海洋，开启科技与智慧的探索之旅。

成都大学

综合类　普通本科

> 成都大学，成立于 1978 年，2003 年恢复为全日制普通本科高等学校，更名为"成都学院"。2018 年更名为"成都大学"。校训为"自爱、自修、自尊、自强"。在四十余年发展历程中，为国家培养众多人才，在多个领域发光发热。

优秀校友

成都大学拥有众多杰出校友。比如，赵秀珍毕业 30 年始终坚守基层教学一线，曾获"成都教育年度教师"称号；周小明扎根乡村振兴一线深耕"低空经济"，打造了国家级"民用无人驾驶航空试验基地"。这些杰出校友不仅个人取得辉煌成就，更以实际行动回馈社会。

校园氛围

成都大学崇尚创新与协作，师生共研跨学科课题。"智慧医疗辅助决策系统"融汇数据科学与临床医学，提高诊疗精度。这些项目体现了学校对学术自由的支持及对跨学科融合教育的重视，旨在培养具有全球视野和社会责任感的人才。

校园风采

成都大学风景如诗如画。南门处，银杏树在秋季绽放璀璨金黄，成为学子们的打卡胜地。校园湖泊波光潋滟，湖边风光旖旎。"东盟艺术学院"独具风格，白灰与哈佛红交织，演绎别样魅力。"大运村"作为大运会运动员村，展现现代化设施与独特风貌。徜徉于校园，领略四季变换之美，邂逅一个个动人角落。

学术专长

成都大学在科研方面成果显著。"农业农村部杂粮加工重点实验室"致力于杂粮加工技术创新。"四川省肉类加工重点实验室"推动肉类加工产业发展。学校的"四川动漫研究中心"为动漫产业注入新活力。"成都大学附属医院临床药学重点专科"为医疗事业贡献力量。这些尖端项目，不仅彰显了成都大学在科学研究和社会责任担当上的卓越表现，更为地方经济转型升级注入了强大动力。

> 踏入成都大学，愿你以无限的热情拥抱学习，用智慧和行动探索未来，开启一段充满发现与成长的旅程。

西南医科大学

医药类　普通本科

西南医科大学，成立于1951年，初称"西南区川南医士学校"。其后历经多次更名，1978年升格为本科院校并更名为"泸州医学院"。2015年更名为"西南医科大学"。校训为"厚德精业、仁爱济世"。在七十多年的发展历程中，为国家培养了大量优秀医学人才。

优秀校友

西南医科大学拥有众多杰出校友。比如，傅俊江教授在医学教育和科研方面成果丰硕，为医学人才培养作出贡献；何延政教授在血管外科领域取得重大突破，推动该领域医疗技术发展；雷正荣教授在中医药领域深耕，传承和创新中医药文化。

校园氛围

西南医科大学师生共同涉足多元学科研究。"肺癌早期诊断标志物筛选"联合病理学与分子生物学，助力肿瘤早筛突破；"中医药抗病毒机制探究"深化天然药物疗效解析。这些跨领域合作项目充分展示了学校对学术自由的尊崇及对复合型人才培育的承诺。

校园风采

西南医科大学魅力非凡。忠山校区，"忠山牌坊"庄重，"同心亭"宁静，"奎星阁"古色古香，"武侯琴亭"等尽显历史韵味。城北校区，北校门气势恢宏，"奥体中心"活力满满。"逸夫图书馆"造型独特，"玉带河"景观如诗如画，"致远亭"宁静祥和。校园中"鸿文楼""明理楼"独具风格。漫步其间，感受四季之美，领略独特魅力。

学术专长

西南医科大学在科研方面表现出色。"心血管医学研究所"致力于心血管疾病研究，为防治心血管疾病提供新方法；"医学电生理学教育部重点实验室"在电生理领域不断创新，推动医学进步；学校的"司法鉴定中心"为司法公正提供专业支持。这些标志性成就彰显了西南医大在医学科技创新领域的深厚积淀与广阔前景，持续为全球健康事业贡献力量。

欢迎来到西南医科大学，愿你在此以医者仁心为指引，用知识和技能守护生命，开启健康科学的探索之旅。

云南大学

综合类　"211工程"　"双一流"

云南大学，成立于 1922 年，初称"私立东陆大学"。1934 年更名为"省立云南大学"。1938 年改为"国立云南大学"。1950 年，正式定名为"云南大学"。校训为"自尊、致知、正义、力行"。在百年发展历程中，为国家培养众多优秀人才，在民族学等领域成绩斐然。

优秀校友

云南大学孕育众多英才。比如，有色金属真空冶金专家戴永年改革了锡、铅、锌冶金部分传统生产技术，研制成功卧式真空炉及相关工艺技术；历史学家方国瑜潜心西南史地研究，揭示区域历史文化脉络。他们的辉煌业绩，彰显云大育人之光。

校园氛围

云南大学倡导创新合作与学术自由，师生跨界研习。"滇池水生生态系统恢复工程"集环境科学与生态修复之力，重塑碧波美景。"少数民族非物质文化遗产数据库构建"融合民族学与数字人文。这些项目映照出云南大学对知识无界的探索及培养多元化人才的执着追求。

校园风采

云南大学风景如画。"会泽院"是标志性建筑，法式风格独特。"九五台阶"寓意美好，常引游客拍照。"至公堂"雕梁画栋，曾是"贡院"主体建筑，闻一多在此作最后演讲。"钟楼"高达 27 米。"银杏大道"全长约 300 米，深秋初冬时节金黄的树叶与百年建筑相映成趣。"贡院""东陆书院"承载历史。呈贡校区"玫瑰园"美不胜收，"云山"上粉黛乱子草花海，如梦似幻。

学术专长

云南大学凭借多学科交叉优势，屡创佳绩。"云南省微生物研究所"致力于微生物资源研究与利用；"西南边疆少数民族研究中心"深入研究民族文化；学校的"云南省古生物研究重点实验室"推动古生物学发展；"云南大学国际关系研究院"为区域合作提供智力支持。这些科研项目不仅凸显云南大学的学术活力，更在地方乃至全球议题上发挥着重要作用。

踏入云南大学，愿你以梦为马，以学为桥，探索未知，成就自我。

贵州大学

综合类　"211工程"　"双一流"

贵州大学，成立于 1902 年，初称"贵州大学堂"。1928年改名为"省立贵州大学"，后历经多次调整与合并。2004 年，原贵州大学与贵州工业大学合并组建新的"贵州大学"。校训为"明德至善、博学笃行"。在百余年发展历程中，为国家培养众多人才。

优秀校友

贵州大学拥有众多杰出校友。比如，龙永图在推动中国加入世界贸易组织进程中发挥了关键作用，为中国经济与世界接轨搭建桥梁；宁静以出色的演技在影视界留下众多经典作品。他们以各自的成就为母校增光添彩。

校园氛围

贵州大学创新思维与协同育才蔚然成风。"贵州特色作物分子育种与生物技术创新平台建设"计划，集结生命科学、遗传工程知识，提升农业品质效益。学子师长于斯交织学科边界，共绘科技创新宏图。

校园风采

贵州大学景色宜人。花溪东校区，建筑独具特色，人文气息浓厚，秋日"梧桐大道"落叶缤纷，诗意满满。西校区，秋季银杏金黄、枫叶婀娜，与蓝天红墙相映成趣。校园里的图书馆也是标志性建筑，有的校区图书馆外爬山虎如绿色"瀑布"。校园内的自然景观，花草树木、湖泊等，增添生机与美丽。漫步其中，感受独特氛围。

学术专长

贵州大学在科研方面成绩突出。"绿色农药与农业生物工程国家重点实验室培育基地"致力于绿色农药研发等；"喀斯特山区植物资源利用与育种国家地方联合工程研究中心"积极开展喀斯特地区植物资源研究；学校的"贵州省大数据产业发展应用研究院"推动大数据产业发展；"贵州省发酵工程与生物制药重点实验室"为医药领域贡献力量。

欢迎加入贵州大学，愿你以坚定的信念面对挑战，以不懈的努力追求梦想，探索无限可能，成就精彩人生。

浙江

浙江大学

综合类 "211工程" "985工程" "双一流"

浙江大学，成立于 1897 年，初称"求是书院"。1928 年新建为"国立浙江大学"。此后，在历史的长河中历经多次调整。1998 年，组建新的"浙江大学"。校训为"求是创新"。浙大在百余年发展历程中，始终坚持求是精神，培养了无数杰出人才。

优秀校友

浙江大学拥有众多杰出校友。比如，竺可桢是中国近代地理学和气象学的奠基者，为中国的科学事业作出巨大贡献；路甬祥在机械工程等领域成果显著；金庸曾担任浙江大学人文学院院长，他的武侠小说影响力巨大，丰富了中国文学宝库。

校园氛围

浙江大学深植创新土壤，倡导跨界协作与学术探索。"海洋能源高效转换与存储器件研发"项目开拓蓝海能源版图；"古籍智能化整理与传播"计划激活传统文化生命力。在此，浙大学子与师长携手，共铸科研辉煌篇章。

校园风采

浙江大学风景如画。紫金港校区有启真湖，湖水澄澈，周边景色优美，"南华园"古雅林园风貌与现代文明融合，有诸多文化景观。玉泉校区是最古老校区，立有毛主席像等。华家池校区似"小西湖"，华家池边有多处特色景点，如花园般美丽。之江校区沿钱塘江边依山而建，有完整近代大学建筑群，最美百年"钟楼"和"情人湖"上石桥尽显西洋风情，被誉为杭州最美校园。

学术专长

浙江大学在科研方面屡创佳绩。"硅材料国家重点实验室"致力于硅材料的研发与应用，推动半导体产业发展；"计算机辅助设计与图形学国家重点实验室"在计算机图形学等领域不断创新；学校的"能源清洁利用国家重点实验室"为能源领域提供技术支持；"生物医学工程教育部重点实验室"推动生物医学工程学科发展。浙大以此类尖端项目为引擎，彰显科研硬核实力，赋能社会发展进步。

> 欢迎来到浙江大学，愿你用持续的努力开拓视野，编织人生的辉煌篇章。

宁波大学

综合类　"双一流"

宁波大学，成立于1986年。校训为"实事求是，经世致用"。自成立以来，宁波大学不断发展壮大。在四十年的发展历程中，始终坚持特色办学，为国家和地方培养了大量优秀人才，在多个领域取得突出成就。

优秀校友

宁波大学孕育群英，校友佳绩熠熠生辉。比如，韦尔股份的创始人虞仁荣是全球排名第一的汽车半导体供应商；黄科威在乡村振兴和共同富裕方面作出了突出贡献，带领横坎头村实现了经济和社会的全面发展。他们以卓越成就，弘扬宁大精神，照亮科学前行之路。

校园氛围

宁波大学倡导跨界探索与协作共进，激发创新潜能。"海洋生物多样性与生态系统健康"项目探寻海洋生态保护之道；"新型能源存储材料研发"课题开拓绿色能源新天地。在此，宁波大学师生跨越学科界限，携手同行，促进知识交融，共绘科技发展宏图。

校园风采

宁波大学景色宜人。"阳明湖"位于南大门主轴线与真诚图书馆北侧，与阳明心学呼应，寓意学子知行合一。"白鹭林"在"包玉刚三号教学楼"旁，因白鹭在此栖息得名，傍晚时分白鹭成群，颇为壮观。郁金香花海分布各处，近三万株色彩缤纷，诠释生命意义。"樱花林"在北门路旁与教学楼群下，微风拂过，樱花雨浪漫无比。新落成的南大门面朝甬江，设计独特，彰显宁大文化内涵，营造出纵深仪式感。

学术专长

宁波大学在科研方面成绩突出。"海洋生物技术与工程教育部重点实验室"致力于海洋生物资源开发；"冲击与安全工程教育部重点实验室"在安全工程领域不断创新；学校的"宁波大学昂热大学联合学院"推动国际化教育；"宁波大学新药技术研究院"为医药领域注入新活力。宁波大学以这些高水准项目为载体，展现科研活力，为解决全球性问题提供宁大智慧方案。

欢迎来到宁波大学，在知识的海洋中乘风破浪，书写属于自己的精彩篇章。

温州医科大学

医药类　普通本科

温州医科大学，成立于1912年，初称"浙江医学专门学校"。后改名为"温州医学院"。2013年更名为"温州医科大学"。校训为"仁肃勤朴、求是奋发"。在百余年的发展历程中，温医大为国家培养了大量优秀医学人才，在眼视光学等领域成就突出。

优秀校友

温州医科大学拥有众多杰出校友。比如，瞿佳在眼视光学领域贡献卓越，推动了我国眼视光学的发展；李校堃在生物制药方面成果显著，其研发的药物为患者带来福音。还有众多在医疗一线默默奉献的优秀校友。

校园氛围

温州医科大学秉持创新协同育人观，跨学科科研蔚然成风。"眼视光疾病防控关键技术"项目旨在攻克视力障碍难题；"肿瘤免疫微环境与靶向治疗"课题探索癌症诊疗新路径。温医大师生于此类平台碰撞思维火花，共同推进医学科技成果转化与应用。

校园风采

温州医科大学风景优美且富有文化底蕴。"明心湖"如明镜，湖边题石的"六然训"引人深思。"敬乡园"为纪念创始人黄溯初先生而建，另有"校友林"和"溯初亭"。"星洲楼"由新加坡温州会馆捐资兴建，承载着华侨善举。大学生活动中心又名"育英大礼堂"，由台胞捐赠，"瓯越名人浮雕"生动展示温州历史文化。北校区还有温州民俗博物馆，陈列众多民俗作品。

学术专长

温州医科大学在科研方面成绩斐然。"眼视光学和视觉科学国家重点实验室培育基地"致力于眼视光学研究；"国家新药开发工程技术研究中心制剂工程研究基地"为新药研发提供有力支持；"老年研究院"为应对老龄化社会作出贡献；"检验医学教育部重点实验室"推动检验医学学科发展。温医大通过这些尖端平台，持续输出高质量研究成果，为提升全民健康福祉贡献力量。

欢迎来到温州医科大学，愿你以爱心和智慧，探索生命科学，成就医学梦想。

南京大学

综合类　"211工程"　"985工程"　"双一流"

　　南京大学，成立于 1902 年，初称"三江师范学堂"。此后历经多次更名与调整，1950 年定名为"南京大学"。校训为"诚朴雄伟，励学敦行"。在百余年的发展历程中，南大始终坚守学术阵地，为国家培养了众多杰出人才，在文理工等多领域成绩斐然。

优秀校友

　　南京大学拥有众多杰出校友。比如，闵乃本在物理学领域取得重大突破，为我国晶体生长技术发展作出卓越贡献；程开甲是"两弹一星"元勋，为国家国防事业立下汗马功劳；余光中以其优美的文学作品享誉海内外。

校园氛围

　　南京大学秉承开放创新的教学理念，鼓励跨学科交流。"长江流域生态环境保护与修复"项目探求水土治理良策；"智能感知与物联网技术"项目打造智慧城市基础设施。南大师生于此交流思想，跨域协力，共促知识边界的拓展与深化。

校园风采

　　南京大学风景如画，鼓楼校区北大楼爬满绿藤，充满历史韵味；大礼堂外观宏伟，小礼堂"钟楼"造型别致。还有"赛珍珠纪念馆""革命烈士纪念碑""大蘿坪""百年鼎""斗鸡闸"等景点。仙林校区有"香雪海园"，作为全国高校首座校友捐献的苏式园林，以梅花为主题，设梅海、梅诗、流芳三景区共 36 个景点。亭台流水，飞檐画廊，梅诗廊刻咏梅诗词，流芳廊镌院士事迹。南大校园，处处皆美景，等你来感受。

学术专长

　　南京大学在科研方面屡创佳绩。"固体微结构物理国家重点实验室"致力于微结构物理研究；"计算机软件新技术国家重点实验室"在软件技术领域不断创新；"现代分析中心"为多学科研究提供技术支持；"环境学院污染控制与资源化研究国家重点实验室"为环境保护贡献力量。南大凭借这些顶尖科研机构，持续探索未知领域，为构建和谐共生的人类命运共同体贡献力量。

　　欢迎加入南京大学，在知识的殿堂中探索真理，不断挑战自我，最终成就属于你的辉煌篇章。

东南大学

综合类　"211工程"　"985工程"　"双一流"

　　东南大学，成立于1902年，初称"三江师范学堂"。1921年以南京高等师范学校为基础建立"国立东南大学"。后历经多次调整与更名。1988年恢复"东南大学"校名。校训为"止于至善"。在百余年发展历程中，东大培养众多人才，在建筑等领域成就卓越。

优秀校友

　　东南大学拥有众多杰出校友。比如，吕志涛院士在预应力混凝土结构领域贡献卓越，他的研究成果广泛应用于重大工程建设；黄卫在交通工程领域成就突出，为我国交通基础设施建设作出重大贡献。他们以杰出成就为母校增光添彩。

校园氛围

　　东南大学秉持开放协同的教育哲学，孕育科研跨界火花。"新型显示与视觉感知紫金山实验室"开创超高清显示新纪元；"交通规划与管理大数据分析平台"优化城市出行体验。东大师生于交叉学科项目中共绘创新蓝图，携手迈向科技前沿。

校园风采

　　东南大学风景如画。四牌楼校区有"最美200米"梧桐大道、欧式风格大礼堂、涌泉池、千年六朝松、古朴图书馆和历史悠久的梅庵。九龙湖校区的体育馆形似皇冠，游泳馆独具特色，"李文正图书馆"庄重典雅，还有"大草坪""九曲桥"和"焦廷标馆"。丁家桥校区有中国首座"马拉松终点纪念塔"。此外，还有"至善亭"传承文化精神，东大梅园融合无锡荣氏"梅园"文化。校园处处皆美景，等你来感受这份独特魅力。

学术专长

　　东南大学在科研方面成绩突出。"移动通信国家重点实验室"致力于移动通信技术研究，推动5G等技术发展；"生物电子学国家重点实验室"在生物电子领域不断创新；"交通学院智能交通科研平台"为交通现代化贡献力量；"能源与环境学院清洁能源研究中心"推动能源转型。这些前沿研究彰显了东大对科技进步与文化传承的双重贡献。

　　欢迎学子们报考东南大学，开启精彩人生之旅，共铸辉煌未来。

南京航空航天大学

理工类　"211工程"　"双一流"

　　南京航空航天大学，成立于 1952 年，初称"南京航空工业专科学校"。1956 年升格为"南京航空学院"。1993 年更名为"南京航空航天大学"。校训为"智周万物，道济天下"。在七十余年的发展历程中，南航为国家航空航天事业培养众多人才。

优秀校友

　　南京航空航天大学拥有众多杰出校友。比如，陶宝祺院士在智能材料结构领域取得重大突破，为航空航天材料的发展作出卓越贡献；赵淳生院士在超声电机领域成果显著，推动了相关技术的进步；胡海岩院士在力学与航空航天工程领域成就非凡。

校园氛围

　　南京航空航天大学崇尚创新引领的教育理念，师生成为科研先锋。"微纳卫星研究中心"将航天器设计与控制专家联合，探索宇宙奥秘；"无人机系统研究院"革新空中监测手段。南航人于跨学科项目中激荡智慧，合力书写航空科技新篇章。

校园风采

　　南京航空航天大学景色迷人。将军路校区有"御风园"，陈列着珍贵的航空航天器，见证辉煌历程；"砚湖"微波荡漾，是打卡胜地；"樱花广场"花开如画，还有健身场地；停机坪有长征五号模型。明故宫校区的"南京航空航天馆"，藏品丰富。天目湖校区临近 5A 级景区，环境优美，现代与传统建筑融合。

学术专长

　　南京航空航天大学在科研方面成绩突出。"机械结构力学及控制国家重点实验室"致力于航空航天结构力学研究；"直升机旋翼动力学国家级重点实验室"在直升机技术领域不断创新；"航空航天工程研究院"推动航空航天科技发展；"无人机研究院"为无人机技术的进步贡献力量。南航学者在尖端领域锐意进取，为科技强国添砖加瓦，促进社会发展进步。

　　欢迎来到南京航空航天大学，用知识助飞，翱翔于科技的蓝天，成就科技梦想。

河海大学

综合类 "211工程" "双一流"

河海大学，成立于1915年，初称"河海工程专门学校"。1924年合并成"河海工科大学"。1952年重组合并成立"华东水利学院"。1985年恢复校名"河海大学"。校训为"艰苦朴素、实事求是、严格要求、勇于探索"。在百年发展历程中，为国家水利事业培养众多人才。

优秀校友

河海大学拥有众多杰出校友。比如，严恺在水利工程领域贡献卓越，主持多个重大水利项目；张闻天为中国革命和建设作出重大贡献；钱正英致力于水利事业发展。他们的成就激励着后人不断前行。

校园氛围

河海大学弘扬跨界融通的精神，师生共赴学术探索之旅。"清洁能源转化与存储研究所"突破能源转换效率瓶颈；"智能物联网技术创新中心"构筑万物互联新生态。河海大学师生在实践中深化理解，于协作中共谋科技进步，彰显了知识无界的力量。

校园风采

河海大学风景如画。校本部西康路校区有"梧桐大道"，绿树成荫；老建筑被爬山虎覆盖，充满历史韵味；"河海会堂"如绿色城堡；老图书馆是电影《致青春》的取景地。江宁校区草地娇嫩，"叠翠山"可踏青，"东湖"清波荡漾；致高楼旁"水杉林"幽静，操场充满活力。常州校区"若水广场"草坪宽广，师泽亭旁花儿淡雅。河海大学各校区皆有独特之美，等你来感受这充满魅力的校园风光与浓厚的学术氛围。

学术专长

河海大学在科研方面成绩突出。"水文水资源与水利工程科学国家重点实验室"致力于水资源研究；"岩土力学与堤坝工程教育部重点实验室"在岩土工程领域不断创新；"长江保护与绿色发展研究院"为长江大保护提供智力支持；"水科学研究院"推动水利科技进步。河海大学师生于多元项目中砥砺前行，共绘科技创新与生态文明的美好未来。

欢迎来到河海大学，愿你以学海无涯的勇气，乘风破浪，探索知识的海洋。

中国药科大学

医药类 "211工程" "双一流"

中国药科大学，成立于1936年，初称"国立药学专科学校"。1952年，重新组建成"华东药学院"。1956年更名为"南京药学院"。1986年，正式定名为"中国药科大学"。校训为"精业济群"。在八十多年的发展历程中，药大为国家培养了众多优秀药学人才。

优秀校友

中国药科大学拥有众多杰出校友。比如，彭司勋在药物化学领域贡献卓越，研发出多种重要药物，为我国医药事业发展奠定基础；徐国钧对中药材的鉴定和质量控制作出重大贡献；王广基在药物代谢动力学领域成果显著，推动了该领域的技术进步。

校园氛围

中国药科大学师生携手攀登科研高峰。"中药资源动态监测系统与服务平台建设"实现中药材质量全程追溯；"新型抗肿瘤药物研究与开发"探索癌症治疗新途径。药大学子在导师指导下，跨越学科界限，共同推进医药科学的发展，践行"知行合一"的教育理想。

校园风采

中国药科大学景色宜人。江宁校区有"镜湖"，湖水激滟，黑天鹅优雅游弋；"药用植物园"种植千余种药用植物，是教学科研与科普基地；"樱花大道"和"樱花苑"，千余株樱花绽放如云似霞，樱花节活动丰富多彩，还有特色樱花饼；"梅园"梅花飘香。玄武门校区有孟目先生的塑像，可追忆往昔；校门口"童家巷美食街"烟火气十足。

学术专长

中国药科大学在科研方面成绩突出。"天然药物活性组分与药效国家重点实验室"致力于天然药物的研究与开发，为新药研发提供了强大的技术支持；"药物质量与安全预警教育部重点实验室"专注于药物质量控制和安全预警，保障了人民用药安全；"新药研发协同创新中心"整合各方资源，推动新药研发进程；"海洋药物研究中心"积极探索海洋药物资源，为医药领域开辟新的发展方向。

欢迎来到中国药科大学，愿你以智慧探索药学奥秘，探索生命科学，成就医药梦想。

南京农业大学

农林类 "211工程" "双一流"

南京农业大学，成立于1902年，初称"三江师范学堂农学博物科"。1914年改名为"金陵大学农科"。1952年重新组建为"南京农学院"。1984年更名为"南京农业大学"。校训为"诚朴勤仁"。在百余年的发展历程中，南农为国家培养了大量农业领域的优秀人才。

优秀校友

南京农业大学拥有众多杰出校友。比如，刘守仁在绵羊育种领域贡献卓越，培育出中国美利奴羊；盖钧镒在大豆遗传育种方面成果显著，为我国大豆产业发展作出重大贡献；万建民在水稻分子遗传与育种领域成就非凡。

校园氛围

南京农业大学师生共创农业科技新篇章。"作物表型分析与智能育种"计划提升农作物品种改良效率；"农业微生物资源发掘与功能利用"课题开发生态友好型肥料与农药。南农致力于解决粮食安全与生态环境平衡的重大问题。

校园风采

南京农业大学风景如画。卫岗校区有民国风格的主楼，如航行轮船与翱翔飞机；中华农业文明博物馆，馆藏丰富；还有"大鼎亭""梅花亭""报春亭"等。"菊花基地"保存众多品种。浦口校区"润泽园"景色宜人。滨江校区"钟山大道""神农大道"等体现文化传承，"中央广场"有"农耕文明画卷"，"齐民湖"如明珠，还有"海棠园""梅园"等。校园处处皆美景，等你来感受南农的独特魅力与深厚的文化底蕴。

学术专长

南京农业大学在科研方面成绩斐然。"作物遗传与种质创新国家重点实验室"致力于作物遗传改良和种质创新；"国家肉品质量安全控制工程技术研究中心"为保障肉品质量安全提供技术支持；"农业农村部长江中下游植物营养与肥料重点实验室"推动农业可持续发展；"农业农村部动物细菌学重点实验室"为动物疫病防控贡献力量。这些尖端研究项目对促进农业现代化与人民福祉产生了深远影响。

欢迎加入南京农业大学，在知识的田野上播撒梦想，以勤奋耕耘，收获满满的成就与希望。

南京理工大学

理工类　"211工程"　"双一流"

南京理工大学，成立于1953年，初称"中国人民解放军军事工程学院"。1960年分出成立"中国人民解放军炮兵工程学院"。1962年迁至南京。1966年更名为"华东工程学院"。1993年更名为"南京理工大学"。校训为"进德修业，志道鼎新"。南理工在兵器科学与技术等领域成就卓越。

优秀校友

南京理工大学拥有众多杰出校友。比如，李鸿志在兵器发射理论与技术方面贡献突出，为我国兵器事业发展作出重大贡献；卢柯在金属材料领域成绩斐然，其研究成果在国际上产生重大影响；王泽山在火炸药领域成果显著，荣获国家最高科学技术奖。

校园氛围

南京理工大学师生共研前沿科技。"微纳制造与精密仪器"项目开拓精密加工新纪元；"网络空间安全研究院"，联合信息安全与计算机科学，构筑数字世界防护盾。南理工师生，在开放包容的学术氛围下，共探未知领域，加速科技成果向现实生产力转化。

校园风采

南京理工大学孝陵卫校区风景迷人。艺文馆对面水杉林与二月兰相映成趣，每年二月都会形成紫色花海。兵器博物馆珍藏众多武器装备，展示军事科技历程。"林荫大道"的法式梧桐高大繁茂。"紫霞湖"湖水清澈，景色优美。"冶园"与"时间广场"各具特色。

学术专长

南京理工大学在科研方面成绩突出。"瞬态物理国家重点实验室"致力于瞬态物理研究；"智能弹药技术国防重点学科实验室"在智能弹药领域不断创新；"先进发射协同创新中心"推动兵器发射技术发展；"微纳卫星研究中心"为航天领域贡献力量。这些标志性科研项目，彰显了南理工的综合实力，同时为国家科技进步和社会和谐发展注入强劲动力。

欢迎来到南京理工大学，用知识构建未来，用智慧和汗水浇灌梦想，开启科技与创新的旅程。

苏州大学

综合类　"211工程"　"双一流"

苏州大学，成立于 1900 年，初称"东吴大学"。1952 年重组为"江苏师范学院"。1982 年更名为"苏州大学"。校训为"养天地正气，法古今完人"。在百余年发展历程中，苏大为国家培养众多优秀人才。

优秀校友

苏州大学校友群星璀璨，贡献卓著。比如，李政道与杨振宁因提出"宇称不守恒理论"，共获诺贝尔物理学奖；汪小帆长期从事网络科学、复杂系统与控制理论的研究，多次获奖。他们秉承苏大精神，于各自领域发光发热，回馈社会，影响深远。

校园氛围

苏州大学弘扬跨界协作与学术探索之风。"脑机接口与认知神经工学"课题，融合心理学与工程技术，解码人脑奥秘。苏大教师学子于多元平台共研共享，激发创意火花，携手推进学科边界的拓展与应用领域的创新。

校园风采

苏州大学风光旖旎。天赐庄校区有古老的"钟楼"、庄严的"东吴门"、历史悠久的"方塔""精正楼"、独特的"红楼"、博物馆、"尊师轩"和"情人坡"。独墅湖校区"炳麟图书馆"似睡莲娇羞又似钢铁堡垒，"恩玲艺术中心"如优美音符。阳澄湖校区有庄严图书馆及一池荷花。苏大校园处处皆美景，融合历史韵味与现代气息，彰显百年学府的独特魅力，等你来感受这份深厚底蕴与迷人风光。

学术专长

苏州大学在科研方面成绩斐然。"放射医学与辐射防护国家重点实验室"致力于放射医学研究；"现代丝绸国家工程实验室"推动丝绸产业创新发展；"人工智能研究院"在人工智能领域不断探索；"纳米科学技术学院"为纳米科技进步贡献力量。上述科研项目，不仅彰显出苏大深厚学术积淀，更为社会经济与文化繁荣添砖加瓦。

欢迎来到苏州大学，用知识照亮前程，跨越知识的河流，抵达成功的彼岸。

南京师范大学

师范类 "211工程" "双一流"

南京师范大学，成立于 1902 年，初称"三江师范学堂"。1912 年改为"南京高等师范学校"。1923 年并入国立东南大学。1952 年重建为"南京师范学院"。1984 年更名为"南京师范大学"。校训为"正德厚生，笃学敏行"。百年来，南师大为国家培养了众多优秀人才。

优秀校友

南京师范大学拥有众多杰出校友。比如，吴贻芳在教育领域贡献卓越，开创了中国女子高等教育的先河；唐圭璋在词学研究方面成绩斐然，其著作对中国词学发展影响深远；新闻主播陈凯曾获"全国法制新闻节目十佳主持人"。他们在各个领域都取得了显著成就。

校园氛围

南京师范大学科研氛围浓厚。"儿童早期发展与教育研究中心"深入探究幼儿认知规律，指导家庭教育优化；"新能源材料与器件研究所"致力于锂离子电池技术研发，驱动绿色能源变革。以上科研机构，既凸显南师大综合科研优势，亦为社会进步作出了重要贡献。

校园风采

南京师范大学景色迷人。随园校区有校徽标志建筑"100 号楼"，其身后的"德风园"静谧优美；梁思成参与设计的"中大楼"，见证学子成长；还有西山、华夏图书馆。仙林校区"采月湖"与"起霞坡"相映成趣，敬文图书馆及"逐日塔""月亮湾"各具魅力。"德风园"湖边、"100 号楼"后长廊、"紫藤园"、"中大楼"前小广场也别有韵味。

学术专长

南京师范大学在科研方面成绩突出。"虚拟地理环境教育部重点实验室"致力于地理信息科学研究；"江苏省生物多样性与生物技术重点实验室"在生物多样性保护和生物技术领域不断创新；"教育科学研究院"为教育改革与发展提供智力支持；"心理学院"在心理学研究方面成果显著。南师大师生，在开放互动的学术平台上，跨越学科边界，协力攻克科研难题，共同书写科技进步新篇章。

欢迎来到南京师范大学，以学识丰富心灵，成为教育领域的闪耀之星。

中国矿业大学

综合类 "211工程" "双一流"

中国矿业大学，成立于 1909 年，初称"焦作路矿学堂"。经多次改名，1950 年更名为"中国矿业学院"。1988 年更名为"中国矿业大学"。校训为"崇德尚学"。在百余年的发展历程中，中国矿业大学为国家培养了大量矿业及相关领域的优秀人才。

优秀校友

中国矿业大学拥有众多杰出校友。谢和平在岩石力学领域成绩斐然，推动了煤炭行业的安全生产；彭苏萍致力于煤炭资源与地质勘查，为国家能源战略提供有力支撑。他们以自己的智慧和努力，推动着国家科技进步和行业发展，成为矿大的骄傲。

校园氛围

中国矿业大学构筑多元学术生态。"碳捕获与封存技术"研究，融合地质科学与环境工程，应对气候变化挑战。矿大师生在包容开放的学习氛围中，携手突破学科壁垒，共创科研佳绩，为产业转型升级与环境保护贡献力量。

校园风采

中国矿业大学徐州南湖校区风景如画。东门气势磅礴，"镜湖"碧波荡漾，天鹅游弋，北岸有老校门，南岸是文化广场。"励志园"与不显山各具特色，"鹿园"萌鹿可爱。"虹桥"朱红对称，

煤炭科技博物馆展现历史成果。十里花海美不胜收，岩体壁画气势恢宏。"镜湖大讲堂"名家汇聚，"光明使者"雕塑见证变迁。"焦作路矿学堂"尽显沧桑。"白棚"可赏落日余晖。矿大校园处处皆美景，等你来感受这份独特魅力。

学术专长

中国矿业大学在科研方面成果丰硕。"煤炭资源与安全开采国家重点实验室"致力于煤炭高效开采与安全保障技术研究；"深部岩土力学与地下工程国家重点实验室"聚焦地下工程领域关键问题。上述科研实体，彰显出矿大科技创新能力，为解决行业关键问题与实现经济社会绿色发展作出卓越贡献。

欢迎来到中国矿业大学，以探索精神挖掘知识的宝藏，以创新力推动变革，成为矿业领域的杰出人才。

江南大学

综合类　"211工程"　"双一流"

江南大学，源于1902年创建的"三江师范学堂"。1958年，建立"无锡轻工业学院"。2001年，无锡轻工大学、江南学院、无锡教育学院合并组建"江南大学"。校训为"笃学尚行，止于至善"。在百余年的发展历程中，江南大学在食品、轻工业等领域成就卓越，为国家培养了众多专业人才。

优秀校友

江南大学拥有众多杰出校友。陈坚在发酵工程领域成果显著，推动了我国发酵工业的发展；姚惠源为我国粮食加工与食品营养领域作出重大贡献；伦世仪在发酵工程和环境生物技术方面成就突出。他们的科研成果为国家相关产业发展注入强大动力。

校园氛围

江南大学师生共同投身前沿科研。"生物基材料与纳米复合技术"开发生态友好新材料；"数字媒体创意与传播"课题塑造沉浸式互动体验。江大师生跨越专业界限，携手探索未知，激发创新灵感，为社会发展注入源源不断的活力。

校园风采

江南大学风景如画。"牡丹园"是无锡市最大的牡丹园区，有9个色系、80多种品种的牡丹和芍药。"赤马咀百草园"四季皆美，有药用植物等多种花卉。"小蠡湖"有黑天鹅嬉戏，夏日荷花、睡莲盛开。"后乐园"春季梅花、早樱等花卉绽放。"小鼋花园"是劳动教育实践基地。还有"世纪广场""滨湖林"等景观园区。校园自然风光与人文气息交织，处处皆美景，等你来感受江南大学的独特魅力。

学术专长

江南大学在科研方面成绩斐然。"食品科学与技术国家重点实验室"致力于食品加工与安全技术研究；"物联网技术应用教育部工程研究中心"聚焦物联网在工业领域的应用。这些尖端项目，不仅体现了江大的科研硬实力，更为推动区域经济高质量发展与提升人民生活品质注入强劲动力。

欢迎加入江南大学，用知识和努力编织未来的美好图景，成就非凡人生。

南京医科大学

医药类 "双一流"

南京医科大学，成立于1934年，初称"江苏省立医政学院"。在八十余年的发展历程中，学校历经多次调整与变革。1993年，更名为"南京医科大学"。校训为"博学至精，明德至善"。南京医科大学始终致力于医学教育和科研，为国家培养了大量优秀的医学人才。

优秀校友

南京医科大学拥有众多杰出校友。王学浩院士在肝移植领域取得卓越成就，为无数患者带来生的希望；励建安推动了我国康复医疗事业的发展；季勇在心血管疾病研究方面成果显著。他们的成就为国家医疗卫生事业的进步作出了重要贡献。

校园氛围

南京医科大学师生共探医学未来。比如"肿瘤微环境调控机制"项目揭示癌症发展奥秘；"神经退行性疾病分子靶标"课题寻找疾病防治新策略。南医大人打破学科壁垒，联合校内外专家，致力于转化医学研究，为人类健康事业不懈奋斗。

校园风采

南京医科大学景色宜人。五台校区建筑充满历史韵味，彰显学术氛围。江宁校区春天桃花烂漫，花香扑鼻；三月紫叶李绽放，粉色花雾柔美校园，不输樱花唯美。校园中或许还有许多未命名的美丽角落，等待着人们去发现。在这里，自然风光与学术气息交织，无论是古老建筑还是烂漫花海，都展现出南京医科大学的独特魅力。

学术专长

南京医科大学在科研创新方面成果丰硕。"生殖医学国家重点实验室"致力于生殖医学领域的关键技术研究；"现代毒理学教育部重点实验室"聚焦毒理学前沿问题。以上科研平台，凸显南医大在医学领域的创新能力，其研究成果正逐步转化为临床应用，为提高全民健康水平及医疗卫生事业发展作出重要贡献。

> 欢迎来到南京医科大学，以爱心和智慧探索生命科学，用勤奋和专业成就医学理想。

南京邮电大学

理工类　"双一流"

南京邮电大学，成立于1942年，初称"战时邮务总局干部训练班"。历经多次发展变迁，1958年取名"南京邮电学院"。2005年更名为"南京邮电大学"。校训为"厚德、弘毅、求是、笃行"。在八十多年的发展历程中，南京邮电大学为国家培养了大量通信领域的专业人才。

优秀校友

南京邮电大学拥有许多杰出校友。赵厚麟推动全球电信发展，在国际电信联盟中发挥重要领导作用；尹浩在通信网络领域成果丰硕，为我国信息化建设贡献力量；杨震在通信编码等方面成就突出。他们的贡献极大地推动了行业进步。

校园氛围

南京邮电大学师生共赴科技创新之旅。"宽带无线通信与传感网技术"项目打造高速互联新生态；"大数据分析与机器学习"项目解锁数据价值，赋能智能化决策。南邮师生破除学科边界，集思广益，在产学研深度融合的道路上稳健前行，培育未来科技领军人才。

校园风采

南京邮电大学风光旖旎。"校园七景"各具特色，三牌楼校区的"梧林栖凤""紫瀑生岚""飞亭出林"令人陶醉；仙林校区的"幽兰吐馨""书香满径""桃李盈门""银杏醉秋"美不胜收。此外，仙林校区还有"无涯亭""荷苑""桃苑"等，三牌楼校区还有艺术馆、礼堂等。校园处处皆美景，自然风光与人文气息交织，等你来感受南邮的独特魅力，发现属于自己的那份校园之美。

学术专长

南京邮电大学在科研方面成绩斐然。"有机电子与信息显示国家重点实验室培育基地"专注有机电子前沿研究，推动显示技术革新；"宽带无线通信与传感网技术教育部重点实验室"致力于无线通信关键技术研发。上述卓越平台，彰显南邮在信息科技领域的深厚积淀，为构筑万物智联新时代添砖加瓦。

欢迎来到南京邮电大学，以好奇心探索信息技术的前沿，以创新精神书写个人与时代的精彩篇章。

南京林业大学

农林类 "双一流"

南京林业大学，成立于 1902 年，初称"三江师范学堂"。后经多次改名，1952 年重组为"南京林学院"。1985 年更名为"南京林业大学"。校训为"诚朴雄伟、树木树人"。在百余年的发展历程中，南京林业大学为国家培养了大量优秀的林业人才。

优秀校友

南京林业大学拥有众多杰出校友。王明庥在林木遗传育种方面成就卓越，推动我国杨树产业发展；张齐生致力于竹材加工利用，为资源高效利用作出贡献；曹福亮在银杏等经济林研究领域成果丰硕。他们的科研成果助力国家生态建设和林业产业发展。

校园氛围

南京林业大学秉持跨界融合教育理念，师生成为绿色科技先锋。"林木遗传育种与资源利用"项目培育高产优质树种；"生物质能源与材料研究院"开发可再生资源解决方案。南林致力于生态环境保护与可持续发展，书写绿色未来的辉煌篇章。

校园风采

南京林业大学有"南林十二景"。鲜花指路，色彩斑斓；落英缤纷的樱花大道，美不胜收；夕光桥影，夜色迷人；老图魂归，古朴沧桑。林荫大道秋意浓，醉晚天际展南京最美天际线。溪畔藏幽，宁静安详；森林漫步，赏心悦目。游园寻梦，承载回忆。山水白马、大乐下署各有特色。大美南方，极富时代气息。还有蔷薇花墙等景点。校史馆与树木标本馆也独具魅力，等你来感受南林的别样风光。

学术专长

南京林业大学在科研方面表现出色。"林木遗传与生物技术省部共建教育部重点实验室"专注林木遗传改良研究；"木材加工与人造板工艺国家专业实验室"致力于木材高效利用技术研发。众多科研成果为林业产业升级和生态环境保护提供了有力支撑。

欢迎各位学子踏入南京林业大学，用你的热情和智慧，去解开生态的秘密，让绿色的梦想照进现实。

南京中医药大学

医药类　"双一流"

　　南京中医药大学，成立于 1954 年，初称"江苏省中医进修学校"。1958 年更名为"南京中医学院"1995 年定名为"南京中医药大学"。校训为"自信、敬业"。在七十余年的发展历程中，学校为中医药事业培养了大量优秀人才，在中医教育、科研等方面成绩斐然。

优秀校友

　　南京中医药大学拥有众多杰出校友。叶橘泉在中药学领域贡献卓越，对中药整理研究影响深远；周仲瑛提出的"瘀热"病机学说，为中医内科发展作出重大贡献；徐景藩致力于脾胃病诊治，医术精湛。他们推动了中医药事业的进步。

校园氛围

　　南京中医药大学师生同探中西医结合之奥秘。"中药活性成分发现与作用机制研究"挖掘传统药材现代价值；"针灸治疗神经系统疾病临床路径优化"课题提升古老医术效能。南中医师生跨越古今中外知识壁垒，协同创新，共同推动中医药科学化与国际化进程。

校园风采

　　南京中医药大学如一幅绚丽的画卷。仙林校区的格桑花海，春秋之际，缤纷绽放，美不胜收。"药用植物园"里，各类中草药生机勃勃。还有那九大景观，四季流转，各有风情。"小西湖"与"悬湖"，黑天鹅优雅游弋。"李时珍雕像"等景观小品，彰显中医药文化魅力。在这里，自然之美与人文底蕴交织，漫步校园，仿佛置身于诗意的世界，感受着南京中医药大学的独特魅力。

学术专长

　　南京中医药大学在科研方面成果显著。"江苏省中药资源产业化过程协同创新中心"推动中药资源产业化发展；"中医脑病学省部共建教育部重点实验室"深入研究中医脑病治疗。这些特色平台彰显了南中医在中医药传承创新上的坚定步伐，其科研突破正逐步改善民众健康福祉，为世界中医药宝库增添瑰丽篇章。

　　欢迎来到南京中医药大学，以古为师，以新为用，用现代科技解读传统医学的奥秘，成就守护健康的伟大使命。

南京信息工程大学

理工类   "双一流"

南京信息工程大学，成立于 1960 年，初称"南京大学气象学院"。1963 年独立建校为"南京气象学院"，2004 年更名为"南京信息工程大学"。校训为"明德格物、立己达人"。在六十余年发展历程中，为气象领域培养众多人才，在大气科学等方面成就突出。

优秀校友

南京信息工程大学拥有众多杰出校友。吴国雄在大气科学理论研究方面成果显著，为气候预测等作出重要贡献；许健民在气象卫星应用领域贡献卓越，推动了我国气象卫星事业发展；许映龙被评选为 2023 年"大国工匠年度人物"。这些杰出校友不仅在各自的领域内取得了显著成就，也为母校赢得了荣誉。

校园氛围

南京信息工程大学师生共赴科技创新之旅。"气象灾害监测预报预警关键技术"项目精准预测极端天气；"大数据分析与智能决策支持系统"课题驱动智慧城市管理升级。南京信息工程大学旨在培养兼具广博视野与专深技能的复合型人才，为信息时代注入源源不断的智力动能。

校园风采

南京信息工程大学风景如画。藕舫园雅致宁静，东大门盘云九柱巍峨庄严。旗阵广场国旗飘扬,樱花大道美不胜收。院士林银杏见证历史，群英河畔校训广场意义非凡。长望塔纪念涂长望先生,气象楼彰显专业特色。还有见山园、水雲方等地。校园四季皆美景，学子们在这优美环境中学习生活。来这里，感受南信大的独特魅力，领略其深厚的文化底蕴与自然风光。

学术专长

南京信息工程大学在科研方面成绩斐然。"气象灾害教育部重点实验室"致力于气象灾害的监测预警研究；"气候与环境变化国际合作联合实验室"聚焦全球气候变化问题。这些顶尖平台体现了南信大在信息技术与气象科学交叉领域中的深厚积淀，其科研突破正加速推动行业进步，为构筑智慧地球贡献力量。

欢迎加入南京信息工程大学，这里不仅是学习的起点，更是梦想起飞的平台。

厦门大学

综合类　"211工程"　"985工程"　"双一流"

厦门大学，成立于1921年。在百年的发展历程中，历经风雨。校训为"自强不息，止于至善"。厦大始终秉持着开放创新的精神，为国家培养了众多杰出人才，在经济、化学等领域成绩斐然。

优秀校友

厦门大学拥有众多优秀校友。陈景润在数学领域成就卓越，攻克哥德巴赫猜想；卢嘉锡在化学领域贡献突出，推动我国化学事业发展；余光中在文学创作方面影响深远。他们为国家的科技进步和文化繁荣作出了重要贡献。

校园氛围

厦门大学师生协力攀登学术高峰。"海峡两岸气候变化联合研究计划"共绘绿色发展蓝图；"海洋微生物资源开发利用"项目整合生物技术与海洋科学优势，发掘蓝色宝藏。厦门大学师生跨越学科藩篱，合力创新，为应对全球挑战，贡献独特视角与方案。

校园风采

厦门大学风景如画。"芙蓉湖"碧波粼粼，黑天鹅优雅游弋。"情人谷"如仙境般秀丽，是饮水源也是美景地。"建南大礼堂"宏伟壮观，上弦场特色独具且能望海。"芙蓉隧道"涂鸦满满，文艺气息十足。"鲁迅纪念馆"纪念文豪，"钟林美广场雕塑"象征腾飞。"人类博物馆"珍藏丰富。校园内还有诸多南国特色景致。来厦门大学，感受浓厚学术氛围与美丽的自然风光，开启一场难忘的校园之旅。

学术专长

厦门大学在科研方面成果丰硕。"近海海洋环境科学国家重点实验室"致力于海洋生态环境研究；"细胞应激生物学国家重点实验室"聚焦生命科学前沿问题。上述高端平台充分展示了厦门大学在多学科领域的科研深度与广度，其科研成果对促进全球可持续发展目标实现起到了积极的推动作用。

欢迎来到厦门大学，用梦想的翅膀飞越学术的高峰，成就属于你的精彩篇章。

福州大学

理工类　"211工程"　"双一流"

　　福州大学，成立于1958年，初称"福建工学院"。1961年，福建工学院、福建农学院合并组建为"福建大学"。1962年，福建大学与华侨大学合并，改名"福州大学"。校训为"明德至诚、博学远志"。在六十余年发展历程中，为国家培养众多人才，在理工科领域表现突出。

优秀校友

　　福州大学拥有众多杰出校友。魏可镁在化肥催化剂领域贡献卓越，推动我国化工产业发展；吴新涛在结构化学方面成绩斐然，为我国化学研究作出重要贡献；付贤智在光催化领域成果显著，引领相关技术创新。他们的成就助力国家科技进步。

校园氛围

　　福州大学秉持协同创新与学术民主的理念，孕育跨域科研硕果。"新型功能材料制备与应用"项目开拓纳米技术新境界；"高精度遥感影像处理技术"研发，融合地理信息系统与图像识别，提升国土监测效能。福州大学师生激发智慧碰撞火花，共同书写科技进步新篇章。

校园风采

　　福州大学风景如画。旗山校区图书馆获"鲁班奖"，周边有创意空间与校史馆。"日晷"是打卡地，"福友阁"精巧且有诗意。"火山地质园"有亿年古火山口，独具特色。山南、山北行政楼沿湖而立，景色宜人。素拓配色和谐，具备几何美感。校园湖泊，湖水清澈，杨柳依依。怡山校区的福大"怡山文化创意园"，由老厂房改造，复古与文艺结合。来福大，感受学术氛围与自然之美，探索这些独特景点，领略别样魅力。

学术专长

　　福州大学在科研方面成绩斐然。"能源与环境光催化国家重点实验室"专注光催化技术研究，为清洁能源发展提供支持；"平板显示技术国家地方联合工程实验室"致力于新型显示技术研发，推动电子信息产业进步。此类尖端项目，既彰显福大科研硬核力量，亦为构建人与自然和谐共生的美好未来添砖加瓦。

　　欢迎踏入福州大学，汲取新知，逐梦青春，绘出属于自己的灿烂图景。

100

太原理工大学

理工类 "211工程" "双一流"

太原理工大学，成立于 1902 年，初称"国立山西大学堂西学专斋"。1953 年独立建校，定名"太原工学院"。1984 年更名为"太原工业大学"。1997 年与山西矿业学院合并组建"太原理工大学"。校训为"求实、创新"。在百余年发展历程中，为国家培养了大量人才。

优秀校友

太原理工大学拥有众多杰出校友。谢克昌在煤化工领域成就卓越，推动我国能源转型；赵沁平在虚拟现实技术等方面贡献突出。他们以各自的成就为国家发展和行业进步添砖加瓦。

校园氛围

太原理工大学师生共创跨学科佳绩。"煤矿智能化综采工作面成套装备研发"项目引领智慧矿山建设；"高性能计算与大数据分析平台"搭建助推科研数据分析革新。太原理工师生跨越学科壁垒，携手前行，在实践与探索中不断激发创新潜能，共绘科技创新美好图景。

校园风采

太原理工大学风景迷人。明向校区有"明向湖"，碧波荡漾，周边设施完备，古建筑与现代建筑相映成趣。图书馆庄严典雅，新完工的中式园林更是如童话世界。迎西校区的迎西主楼、"清泽园"、图书馆、"中西广场"、"思贤日晷"及校门等各具特色。校园里花草树木与林荫小道构成美丽风光。来太原理工大学，感受学术氛围与自然之美，探索这些独特景点，领略不一样的校园魅力。

学术专长

太原理工大学在科研方面成果显著。"煤科学与技术省部共建国家重点实验室培育基地"致力于煤炭高效利用研究；"新型传感器与智能控制教育部重点实验室"聚焦智能控制技术。上述科研高地，既体现了太原理工的学术影响力，又为我国经济社会高质量发展注入强劲动能。

欢迎来到太原理工大学，用知识和汗水浇灌，点燃科技的火炬，照亮前行的道路，成就非凡的自己。

山西大学

综合类　"双一流"

　　山西大学，成立于1902年，初称"山西大学堂"。1912年改名为"山西大学校"。1918年确定为"国立山西大学"。此后历经多次调整，1959年恢复"山西大学"校名。校训为"中西会通，求真至善，登崇俊良，自强报国"。在百余年发展历程中，为国家培养众多人才，在多个领域贡献突出。

优秀校友

　　山西大学拥有众多杰出校友。彭堃墀带领团队在量子光学基础和应用研究方面取得重大突破；程芳琴在固废资源化利用方面成果显著，为环保事业贡献力量。他们以各自的成就展现了山西大学的育人成果。

校园氛围

　　山西大学师生共探跨学科研讨之路。"超冷原子量子调控与精密测量"项目融汇物理学与量子信息科学，探索微观世界奥秘；"煤炭深度转化与综合利用关键技术"集合化学工程与环境科学，促进清洁能源转型升级。山西大学师生合力推进科研创新，共谱学术新篇章。

校园风采

　　山西大学坞城校区渊智园分东西两园，西园文化区有"山西大学堂"门楼、创始人雕像、牌坊及文化长廊等，尽显深厚文化底蕴；东园休闲区设叠水景石等。校园里还有多处花木景观，如丁香、杏花、玉兰等。东山校区校门、教学楼等建筑各具特色，有食堂、肯德基等，还有共享单车。"音乐亭"常有音乐爱好者聚集。来山西大学，感受悠久历史与现代气息，探索这些美丽景点，领略独特校园魅力。

学术专长

　　山西大学在科研方面成果丰硕。"量子光学与光量子器件国家重点实验室"致力于量子光学研究；"煤基资源高值循环利用国家地方联合工程研究中心"聚焦煤炭资源高效利用。这些前沿阵地，充分展现山大科研团队的卓越贡献，为区域乃至全球可持续发展添砖加瓦。

　　欢迎来到山西大学，愿你在这里如黄土高原般深厚积淀，书写属于自己的传奇故事。

山东大学

综合类　"211工程"　"985工程"　"双一流"

　　山东大学，成立于 1901 年，初称"山东大学堂"。1904 年改名为"山东高等学堂"。1926 年又重组为"省立山东大学"。1930 年，"国立青岛大学"正式成立。1932 年，更名为"国立山东大学"。此后历经诸多变革，1945 年，创办"山东大学"。校训为"学无止境，气有浩然"。在百余年发展历程中，山东大学为国家培养了大批优秀人才。

优秀校友

　　山东大学拥有众多杰出校友。童第周在胚胎学领域成就卓越，开创了中国"克隆"技术之先河；老舍在文学创作方面贡献巨大，留下众多经典作品；潘承洞在数论领域成绩斐然，推动了我国数学事业的发展。

校园氛围

　　山东大学师生成为科研先锋。"柔性可穿戴智能设备"项目横跨材料科学与电子信息技术，打造健康监测新工具；"山东省神经退行性疾病重点实验室"聚焦阿尔茨海默病机制，寻求疾病防治之道。山大师生跨越学科界限，共同书写科技与人文交织的美好篇章。

校园风采

　　山东大学各校区皆有独特美景。中心校区知新楼巍峨，小树林是文化活动佳地。洪家楼校区南门特色鲜明，教堂别具风格。趵突泉校区校友门与银杏相映成趣。千佛山校区北区南门等景观独特。兴隆山校区大门大气，"天工湖"美不胜收。软件园校区大门及枝影错落有致。青岛校区东门夜色迷人，图书馆壮观。威海校区校门与图书馆独具特色，校内还有天文台。校园四季有花，建筑尽显学术氛围，等你来领略。

学术专长

　　山东大学在科研方面成绩显著。"晶体材料国家重点实验室"致力于晶体材料的研究与开发；"微生物技术国家重点实验室"聚焦微生物技术创新。山东大学的这些科研突破，彰显了其强大的创新能力，同时对推动社会进步与生态文明建设具有深远意义。

　　欢迎来到山东大学，与名师同行，与挚友共进，开启精彩的学术之旅。

中国海洋大学

综合类　"211工程"　"985工程"　"双一流"

中国海洋大学，成立于 1924 年，初称"私立青岛大学"。1930 年更名为"国立青岛大学"。后历经多次更名，1988 年更名为"青岛海洋大学"。2002 年定名为"中国海洋大学"。校训为"海纳百川，取则行远"。在近百年发展历程中，为国家海洋事业培养众多人才。

优秀校友

中国海洋大学拥有众多杰出校友。管华诗在海洋药物领域成就卓越，推动我国海洋生物医药产业发展；王辉在海洋工程领域贡献突出，为海洋资源开发提供技术支持；高从堦在海水淡化技术方面成果显著。他们的成就助力国家海洋事业进步。

校园氛围

中国海洋大学倡导跨域创新与学术探索。"深海采矿机器人自主导航与作业"项目拓展深海资源开采边界。海大教育理念强调实践中的跨学科交流，激发师生创造力，共赴科技与环保的前沿阵地。

校园风采

中国海洋大学各校区皆有独特美景。崂山校区以欧式建筑风格著称，"礼仪广场"气派非凡，"映月亭湖"景致优美。鱼山校区作为老校区，毗邻多处景点，拥有国内大学中完美的西洋风格建筑群，如"六二楼"等，尽显典雅庄重与自由浪漫。西海岸校区和浮山校区也是风景如画，山川相映，花木繁茂。海大校园环境优美，文化氛围浓厚。来此漫步，领略独特魅力，感受不一样的大学风光。

学术专长

中国海洋大学在科研方面成绩斐然。"海洋药物教育部重点实验室"致力于海洋药物研发；"海洋环境与生态教育部重点实验室"聚焦海洋生态环境保护。海大科研团队在这些领域的探索，既凸显了学校的科技创新能力，也积极回应着全球海洋事业与人类健康的迫切需求。

欢迎各位学子走进中国海洋大学，开启蓝色梦想之旅，共筑海洋强国未来。

西北农林科技大学

农林类 "211工程" "985工程" "双一流"

西北农林科技大学，成立于 1934 年，初称"国立西北农林专科学校"。此后，经过多次发展与变革，1999 年由原西北农业大学、西北林学院等多所院校合并组建"西北农林科技大学"。校训为"诚朴勇毅"。在近九十年的发展历程中，为国家培养了大量农林科技人才。

优秀校友

西北农林科技大学拥有众多杰出校友。李振声在小麦远缘杂交育种方面贡献卓越，培育出多个优良小麦品种；赵洪璋培育的小麦品种推动了我国小麦生产；康振生在植物病理领域成果显著。他们为国家农业发展作出了重大贡献。

校园氛围

西北农林科技大学弘扬交叉学科协同创新精神。"耐旱作物分子育种"项目培育适应干旱条件的新品种；"食品中有害物质快速检测技术"融汇生物技术与公共卫生策略，保障餐桌安全。西农于实践中深化理论认知，共促农业科技进步与国民健康。

校园风采

西北农林科技大学风景优美且景点独特。其"博览园"是国家 4A 级旅游景区和国家二级博物馆，由昆虫、动物、土壤、植物、中国农业历史博物馆及蝴蝶园等组成，是全球最大的农业主题博物馆组群。在这里，可以通过现代化展示手段了解各类知识。"昆虫博物馆"展示丰富，馆外蝴蝶网室别具特色。校园内绿树繁花相映，优美环境与浓厚学术氛围交织，等待你来探索，领略西农独特魅力。

学术专长

西北农林科技大学在科研方面成果丰硕。"旱区作物逆境生物学国家重点实验室"致力于旱区农业研究；"黄土高原土壤侵蚀与旱地农业国家重点实验室"聚焦生态保护。前沿科技成果为农业可持续发展和生态建设提供有力支撑。

欢迎加入西北农林科技大学，沐浴科技的阳光，为未来播种希望，成就一番不凡的事业。

西安交通大学

综合类　"211工程"　"985工程"　"双一流"

西安交通大学，成立于1896年，初称"南洋公学"。1921年定名为"交通大学"。1956年交通大学的主体内迁西安。1959年，名为"西安交通大学"。校训为"精勤求学、敦笃励志、果毅力行、忠恕任事"。在百余年发展历程中，为国家培养众多杰出人才，在工程科技等领域成就卓越。

优秀校友

西安交通大学拥有众多优秀校友。黄旭华隐姓埋名，带领团队攻坚克难，成功研制出中国第一代核潜艇；侯宗濂是中国近现代著名生理学家，他为中国生理学发展奠定了坚实基础。他们以非凡成就，彰显西安交大的育人成果。

校园氛围

西安交通大学秉承跨界协作与学术创新的传统。"电力设备电气绝缘国家重点实验室"的"智能电网关键技术研发"项目构建未来能源网络；"精密数控机床设计与制造"融合机械加工与控制科学，提升制造业核心竞争力。西安交大教育促进工业4.0时代的科技革新与产业升级。

校园风采

西安交通大学兴庆校区，"樱花大道"每逢校庆樱花绽放，如红云缭绕。"彭康路"梧桐秋时金黄。"腾飞塔"前水面与图书馆相映。钱学森图书馆旁"四大发明广场"见证学子拼搏。"西迁广场""创校纪念校门"体现西迁精神。东花园水面清澈，草坪见证校园活动。樱花节与金色梧桐节设众多主题景观。雁塔校区梧桐道秋冬如金色地毯。

学术专长

西安交通大学在科研方面成绩显著。"电力设备电气绝缘国家重点实验室"致力于电气绝缘技术研究，保障电力安全；"机械制造系统工程国家重点实验室"聚焦智能制造。上述项目不仅凸显了西安交大的科研硬实力，更在全球挑战面前，展现出高校担当与科技向善的力量。

欢迎各位学子踏入西安交通大学，探索未知，挑战极限，铸就璀璨未来。

西北工业大学

理工类　"211工程"　"985工程"　"双一流"

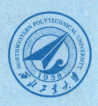

　　西北工业大学，成立于1938年，初称"国立西北工学院"。1957年，西北工学院与西安航空学院合并组建"西北工业大学"。校训为"公诚勇毅"。在八十余载岁月里，西工大始终致力于为国家培养国防科技人才，为我国航空、航天、航海事业作出卓越贡献。

优秀校友

　　西北工业大学拥有众多杰出校友。杨伟是歼-20总设计师，带领团队成功研制出我国先进的隐形战斗机；唐长红是运-20总设计师，为我国大型运输机的发展立下汗马功劳；吴伟仁是中国探月工程总设计师。他们推动我国航天事业迈向新高度。

校园氛围

　　西北工业大学秉持创新驱动与跨学科学习的精神，孕育科研硕果。"无人飞行器自主控制系统研发"项目铸就空天一体智能化未来；"深海探测装备关键技术"开拓海洋探索疆界。西北工业大学赋能师生携手攻克科技难题，共绘海陆空天一体化蓝图。

校园风采

　　西北工业大学风景独特。长安校区有东大门、"何尊组雕"、"启真湖"与"启翔湖"，景色优美。军工素质教育实践中心分室内外展场，展示真机等。

友谊校区的"桃李园"适合休闲，图书馆富有文化气息，"梧桐大道"见证历史，"校歌墙"体现文化。漫步校园，感受浓厚学术氛围与独特文化。来西北工业大学，探索这些景点，领略校园魅力。

学术专长

　　"微小卫星技术及应用国家地方联合工程实验室"专注微小卫星技术研发，为航天应用提供新途径；"空天微纳系统教育部重点实验室"致力于微纳系统技术在航空航天领域的创新应用，推动科技进步。西北工业大学前沿科技项目，不仅是学术高地的象征，更是国之重器背后的重要推手，为实现中华民族伟大复兴的中国梦提供坚实科技支撑。

　　欢迎来到西北工业大学，在科技的蓝天下自由翱翔，用智慧和汗水绘制未来画卷。

西安电子科技大学

理工类　"211工程"　"双一流"

西安电子科技大学，成立于 1931 年，初称"中央革命军事委员会无线电学校"。1958 年迁址西安。1966 年转为地方建制。1988 年定名为"西安电子科技大学"。校训为"厚德、求真、砺学、笃行"。在九十余年的发展历程中，为国家培养了大量电子信息领域的优秀人才。

优秀校友

西安电子科技大学拥有众多杰出校友。柳传志，创办联想集团，推动中国计算机产业发展；保铮，中国雷达信号处理领域的专家，为国防事业作出卓越贡献；王中林，发明纳米发电机，在纳米科技领域取得重大突破。他们的成就彰显了西电师生的智慧与创新精神。

校园氛围

西安电子科技大学弘扬创新精神与跨学科学习风尚。"下一代无线通信系统架构设计"项目构建万物互联基石；"高精度目标识别与跟踪技术"融汇微波工程与信息论，保障国家安全与和平利用空间。西安电子科技大学促进多学科交叉创新，培养具有国际视野的信息科技精英。

校园风采

西安电子科技大学南北校区皆有独特景点。南校区有主雕塑，巨石镌刻"毛主席题词"；校史馆见证发展历程；"观光塔"科技感十足；图书馆特色鲜明；"樱花大道"美不胜收；逐日工程引人注目；网安大楼富有美感；体育馆功能多样。北校区主楼具苏式风格，"王铮雕塑"展现先辈风采，"石凳"承载历史，"逸夫图书馆"获资助建成，"长廊"四季如画。

学术专长

学校在科研方面成果丰硕。"综合业务网理论及关键技术国家重点实验室"在通信领域不断突破，推动 5G 技术发展；"雷达信号处理国家重点实验室"致力于雷达技术创新，为国防安全提供有力保障。西安电子科技大学前沿科技成果，既是学校综合实力的体现，也是对科技进步与国家安全贡献的具体行动。

> 欢迎来到西安电子科技大学，愿你在这里以好奇心探索科技，用创新力书写未来。

长安大学

理工类　"211工程"　"双一流"

　　长安大学，成立于 1951 年，初称"西北交通干部学校"。1952 年，更名为"西安公路学校"。此后历经多次变迁与合并。2000 年，由多所院校合并组建为"长安大学"。校训为"弘毅明德、笃学创新"。在七十余年的发展历程中，为国家培养了大量交通等领域的专业人才。

优秀校友

　　长安大学拥有众多杰出校友。苏权科是港珠澳大桥总工程师，带领团队攻克多项技术难题；范一中对暗物质粒子探测卫星（悟空号）项目作出了重要贡献；赵乐秦在交通规划领域有着卓越成就。他们的努力推动了我国交通事业的发展，为国家基础设施建设添砖加瓦。

校园氛围

　　长安大学跨学科项目蓬勃开展。"城市地下空间智能施工技术"项目汇集土木工程与智能控制，驱动城市建设向智慧化转型；"绿色物流体系优化策略研究"培育具备可持续发展理念的专业人才。长安大学鼓励师生在多元学科背景下探索未知，共同塑造未来行业趋势。

校园风采

　　长安大学景色迷人。校本部有"彩虹女神"雕像，手中彩虹寓意美好，展现学子活力；"彩虹桥"横跨南二环，连接南北院，由师生共建，独具特色。渭水校区"逸夫图书馆"资源丰富，"明远湖"与"修远湖"湖水清澈、风景优美。还有修远、明远、鸿远教学楼等。此外，太白山等教学实习基地以及体育馆等场所也各具魅力。来长安大学，感受独特景观与浓厚学术氛围，探索这些景点，领略不一样的校园风光。

学术专长

　　学校在科研方面成果显著。"公路养护装备国家工程实验室"致力于公路养护技术创新，提高道路使用寿命；"特殊地区公路工程教育部重点实验室"聚焦特殊地区交通建设难题，为边疆地区交通发展提供支撑。长安大学的前沿科技项目，不仅彰显了学校的科研深度，更为国家重大战略实施和社会可持续发展提供了强有力的技术支撑。

　　欢迎来到长安大学，融合古今智慧，不断创新，探索无限可能，成就精彩人生。

西北大学

综合类　"211工程"　"双一流"

西北大学，成立于 1902 年，初称"陕西大学堂"。后历经多次更名与调整。1912 年改为"西北大学"。校训为"公诚勤朴"。在百余年发展历程中，西北大学为国家培养了众多杰出人才，在文、理、工等多领域成绩斐然。

优秀校友

西北大学拥有众多优秀校友。经济学家张维迎为中国经济理论发展贡献智慧；地质学家张国伟在地质构造研究方面成果卓著；作家贾平凹以深刻的文学作品展现中国社会变迁。他们的成就彰显了西北大学的教育实力和人才培养水平。

校园氛围

西北大学弘扬创新与学术自由，师生活跃于跨学科平台，"黄土高原水土流失治理新技术"项目共探生态保护之道；"数字化敦煌石窟艺术档案库"计划，集结艺术史、信息管理和文物保护专家，重构历史记忆。西北大学教育鼓励学子在实践中锤炼真才实学，为社会进步贡献力量。

校园风采

西北大学太白校区风景独特。"唐代实际寺遗址"纪念亭，见证历史沧桑。张学良兴建的大礼堂，尽显古朴庄重。博物馆藏品丰富，功能多元，与古城墙相邻。"木香园"和"紫藤园"，宁静宜人，是读书休憩的好去处。林荫走廊古色古香，历史氛围浓厚。长安校区的"玉兰湖"、图书馆等也别具魅力。来西北大学，探寻这些景点，感受历史底蕴与学术气息交融，领略不一样的校园风光，发现属于你的独特之美。

学术专长

西北大学在科研方面成果丰硕。"大陆动力学国家重点实验室"致力于研究大陆构造演化，为地质科学发展提供重要支撑；"中国思想文化研究所"深入挖掘中国传统文化，推动文化传承与创新。这些尖端科研成果，既体现了西北大学的学术影响力，也积极回应着社会发展的需求，致力于科技与文化的双重传承与创新。

> 欢迎同学们来到西北大学，探索知识的无尽奥秘，拥抱多元的学术天地，开启未来之旅。

陕西师范大学

师范类　"211工程"　"双一流"

陕西师范大学，成立于 1944 年，初称"陕西省立师范专科学校"。后历经发展，1960 年与陕西师范学院合并，定名为"陕西师范大学"。校训为"厚德、积学、励志、敦行"。在近八十年的发展历程中，为国家培养了大量优秀教育人才。

优秀校友

陕西师范大学拥有众多杰出校友。历史学家赵世超，其著作对先秦历史的解读深刻且全面；何炼成教授提出了"生产劳动理论的新见解"等观点，为中国经济理论发展贡献力量。他们以突出成就展现了陕师大的深厚底蕴和育人成果。

校园氛围

陕西师范大学崇尚创新协作与学术开放，师生跨界交融于多元项目。"珍稀濒危植物繁殖生物学"项目共筑生态屏障；"新媒体叙事与社会影响研究"集纳传媒学、心理学知识，探索信息时代话语建构。陕西师范大学致力于培养具有社会责任感与创新能力的时代英才。

校园风采

陕西师范大学两校区皆有美景。雁塔校区有"牡丹园"品种多、色彩艳，春时引众人观赏。阳光苑门口紫藤萝花开如凤冠，极为壮观。长安校区的教育博物馆是国内首座综合型教育博物馆，功能多样。校园自然风光优美，秋季"银杏大道"别有韵味。来陕西师范大学，感受浓厚学术氛围与人文气息，探索这些景点，发现更多美好。

学术专长

陕西师范大学在科研方面成果显著。"西北濒危药材资源开发国家工程实验室"致力于濒危药材的保护与开发；"现代教学技术教育部重点实验室"聚焦教育技术创新，推动教育现代化。这些跨学科的研究成果，不仅丰富了陕西师范大学的学术版图，更为社会发展提供了有力的知识支撑和技术方案。

> 欢迎来到陕西师范大学，开启智慧之门，追寻知识之光，共赴美好未来。

中国人民解放军空军军医大学 军事类 "211工程" "双一流"

中国人民解放军空军军医大学，成立于1941年，初称"八路军晋西北军区卫生学校"。1954年定名为"第四军医大学"。2017年更名为"中国人民解放军空军军医大学"。校训为"团结、求实、创新、献身"。在八十余年的发展中，为国家培养了大量优秀的军事医学人才。

优秀校友

中国人民解放军空军军医大学拥有众多杰出校友。比如，张新生在战创伤救治方面贡献突出，提高了军队战创伤救治水平；苏鸿熙成功开展国内首例体外循环心脏直视手术，为我国心脏外科发展奠定基础。他们的功绩彰显了空军军医大学的卓越贡献。

校园氛围

中国人民解放军空军军医大学创新协作与学术开放氛围浓厚。"战场急救与创伤修复综合技术"项目探索高效战地救治方法；"航空生理学与飞行员健康管理系统"课题保障飞行人员身心健康。学校提倡师生跨界联合，共促医学科技进步与应用转化。

校园风采

中国人民解放军空军军医大学有独特景点。"国际口腔医学博物馆"展陈丰富，拥有来自多国的7000余件展品，规模为世界之最，被纳入国家博物馆管理体系，也是教育基地。"长乐大礼堂"宏伟壮观，造型新颖，室内装饰豪华，是西北地区豪华剧场之一，常举办各类演出和会议。校园自然环境与建筑景观构成独特风景线。

学术专长

"军事口腔医学国家重点实验室"致力于军事口腔医学研究，为保障军人口腔健康提供关键技术。"肿瘤生物学国家重点实验室"聚焦肿瘤防治研究，推动肿瘤医学的发展。这些高精尖科研成果直接服务于国防现代化建设与军队战斗力生成，体现了解放军维护国家安全与发展的重要使命。

期待各位有志青年投身中国人民解放军空军军医大学，踏上荣耀医学征程，铸就辉煌人生。

武汉大学

综合类　"211工程"　"985工程"　"双一流"

武汉大学，成立于 1893 年，初称"自强学堂"。1913 年命名为"国立武昌高等师范学校"。1928 年定名为"国立武汉大学"。校训为"自强、弘毅、求是、拓新"。在百余年历程中，武汉大学历经风雨，始终坚持学术至上，培养了大批杰出人才，成为中国高等教育的璀璨明珠。

优秀校友

武汉大学拥有许多杰出校友。比如，辜鸿铭学贯中西，将中国文化传播到世界；李四光创立地质力学，为中国地质学发展作出卓越贡献；雷军创办小米科技，推动中国智能科技产业发展。他们以各自的成就展现了武汉大学校友的非凡实力与影响力。

校园氛围

武汉大学创新协同与学术探索精神熠熠生辉。"水资源高效利用与智能调度系统"项目旨在解决流域水资源合理配置难题；"区块链隐私保护机制及应用"课题致力于构建可信的数据共享平台。武汉大学鼓励师生跨学科互动，共同推动前沿科学技术的革新与应用。

校园风采

武汉大学景点众多。校门牌坊刻有"国立武汉大学"，是地标之一。万林艺术博物馆特色藏品丰富。老斋舍别名"樱花城堡"，古朴典雅。樱花大道每年樱花绽放美不胜收。"凌波门栈桥"是学子与市民喜爱之地。珞珈山有"十八栋"小洋楼。老图书馆连接樱顶，是校史馆。宋卿体育馆历史悠久。"九一二操场"因毛主席接见学生得名。校园建筑彰显历史积淀，不同时节皆有独特魅力，值得一游。

学术专长

"测绘遥感信息工程国家重点实验室"在测绘遥感领域不断创新，为国家重大工程提供技术支撑。"水资源与水电工程科学国家重点实验室"致力于水资源高效利用研究，推动水利事业发展。这些前沿科研成果，不仅展示了武汉大学雄厚的研究实力，也为其在全球范围内促进知识创新与社会进步树立了典范。

欢迎来到武汉大学，这里有深厚的学术底蕴、丰富的教育资源，期待与你共谱学习华章。

华中科技大学

综合类　"211工程"　"985工程"　"双一流"

华中科技大学，成立于 1952 年，初称"华中工学院"。1988 年更名为"华中理工大学"。2000 年，多所学院合并组成"华中科技大学"。校训为"明德厚学，求是创新"。在七十余年的发展历程中，华中科技大学为国家培养了大量优秀人才。

优秀校友

华中科技大学拥有许多杰出校友。比如，张小龙创造微信，改变社交模式。姚欣创立 PPTV，推动网络视频发展。他们以卓越的成就展现华中科技大学培养人才的实力。他们的成果在各自领域产生深远影响，为科技进步和社会发展注入强大动力。

校园氛围

在华中科技大学，创新与跨学科合作是教育的核心。"微纳光子芯片"项目共创精密制造新时代；"脑机接口与神经康复"课题探寻人机交互新领域。华中科技大学倡导学术自由，鼓励师生跨界协作，激发科技创新活力，培养未来领军人才。

校园风采

华中科技大学校园景点众多。南大门有毛主席雕像，令人印象深刻。青年园绿树葱郁，建校纪念碑矗立。"醉晚亭"古色古香，"镜湖"相伴。"喻家山"可体验登山之乐。湖溪河景色优美。校史馆记录发展历程。图书馆知识丰富。"梧桐语问学中心"典雅幽静。"东九楼"曾是"亚洲第一大教学楼"。还有"爱因斯坦广场""世界文化名人园"等。"喻岱桥"风景如画。校园四季皆美，不同景点各具特色，等待你去发现与欣赏。

学术专长

"武汉光电国家研究中心"在光电子领域不断突破，引领科技前沿。"煤燃烧国家重点实验室"致力于能源高效利用研究，为可持续发展提供支撑。这些标志性科研成果，不仅凸显了华中科技大学在多个领域的深厚积淀，更为全球科技进步和社会可持续发展注入强劲动力。

> 欢迎来到华中科技大学，在这里探索科技的前沿，成就非凡的人生。

华中农业大学

农林类　"211工程"　"双一流"

华中农业大学，成立于 1898 年，初称"湖北农务学堂"。1904 年更名为"湖北高等农业学堂"。1952 年重组为"华中农学院"。1985 年更名为"华中农业大学"。校训为"勤读力耕、立己达人"。在百余年的发展历程中，华中农业大学培养了大批农业领域的优秀人才。

优秀校友

华中农业大学拥有许多杰出校友。比如，傅廷栋培育出优质油菜品种，推动油菜产业发展。张启发在水稻基因研究方面成果显著。陈焕春致力于动物疫病防控研究。他们的研究成果为农业科技进步和国家粮食安全、畜牧业发展作出重大贡献。

校园氛围

华中农业大学创新与跨学科交融成为学术探索的鲜明特色。"耐逆境转基因水稻"项目培育适应极端环境的新品种；"新型固氮菌开发"结合微生物学与生态学，提升土壤肥力与作物产量。华中农业大学秉承实践育人原则，倡导师生携手攻关，共绘现代农业科技新篇章。

校园风采

华中农业大学校园景点丰富。东边"南湖"边的"桃花岛"，春时桃花绽放，满岛飘香，亦被称为"花果山""桃花源"。"狮子山"可沿绿道漫步，赏自然之美。试验田不同季节各有特色，如春季油菜花田吸引游客打卡。南湖湖光山色，美不胜收。华中农业大学博物馆收藏展示各类标本，集教学、科研、科普功能于一身。还有玉兰花、郁金香等花卉景观。行政楼前紫薇花盛开时美丽动人。梧桐路步行街充满生活气息，美食众多，也是一个休闲好去处。

学术专长

"农业微生物学国家重点实验室"专注农业微生物研究，助力农业可持续发展。"国家柑橘产业技术研发中心"推动柑橘产业技术创新，提升我国柑橘产业竞争力。这些尖端科研项目，不仅凸显了华中农业大学在现代农业领域的卓越贡献，更有力地支撑了全球食品安全与生态环境的可持续发展。

华中农业大学有着丰富的知识宝藏等待你挖掘，期待你在此开启精彩学习篇章。

华中师范大学

师范类　"211工程"　"双一流"

华中师范大学，成立于1903年，初称"文华书院大学部"。后历经多次更名与调整，1985年定名为"华中师范大学"。校训为"求实创新、立德树人"。在百余年发展中，为国家培养了众多优秀教育人才和各领域杰出人士。

优秀校友

华中师范大学拥有众多杰出校友。比如，邢福义构建了独具特色的汉语语法体系，为汉语语言学的发展作出重大贡献；章开沅在辛亥革命史等研究方面成果丰硕；光未然创作了《黄河大合唱》等经典作品。他们以卓越成就展现了华中师大人的风采与担当。

校园氛围

华中师范大学秉持开放创新与跨学科学习的理念。"教育信息技术协同创新中心"整合教育学、心理学及信息技术，探索智能教育新模式；"数字人文实验室"项目挖掘文化传承的新路径。这些跨领域合作项目促进多元思维碰撞，为教育与人文社科注入创新活力。

校园风采

华中师范大学校园景点众多。"文华公书林"历史悠久，图书馆藏书丰富且有"最美书店"的美誉。"露天电影场"连续放映70多年。一号楼至十号楼各具特色，有历史建筑的古朴，也有现代教学楼的活力。"逸夫化学楼""田家炳大楼"等见证学科发展。音乐楼常举办精彩演出。南湖综合楼科技感十足。大学生活动中心功能齐全。三馆可了解校史、欣赏文物标本。还有"恽代英广场"等。

学术专长

"中国农村研究院"在农村问题研究方面处于领先地位，为乡村振兴提供智力支持。"语言与语言教育研究中心"致力于语言学及教育研究，推动语言学科发展。这些尖端项目，不仅彰显了华中师范大学在教育科技与人文学术方面的交叉融合能力，也为其在全球知识传播与社会发展中的角色增添了浓墨重彩的一笔。

欢迎各位青年才俊走进华中师范大学，在智慧的海洋里畅游，成就非凡的自己。

武汉理工大学

理工类　"211工程"　"双一流"

武汉理工大学，源于1898年建立的"湖北工艺学堂"。2000年，由原武汉工业大学、武汉交通科技大学、武汉汽车工业大学合并组建为"武汉理工大学"。校训为"厚德博学、追求卓越"。学校在长期发展中，为国家输送大量人才。在材料、交通等领域成果斐然。

优秀校友

武汉理工大学拥有众多杰出校友。比如，建材专家张联盟，在功能梯度材料领域取得重大突破；汽车专家黄妙华，为新能源汽车发展贡献卓越智慧；航运专家严新平，推动智能航运技术进步。他们的成就为国家建设和行业发展注入强大动力。

校园氛围

武汉理工大学崇尚跨界协作与学术探索。"新能源汽车动力系统关键技术研发平台"共创绿色出行未来；"光纤传感技术国家地方联合工程研究中心"项目开拓精密监测新技术。此类多学科融合项目，激发武理工师生协同创新潜能，加速科技成果向现实生产力的转化。

校园风采

武汉理工大学三个校区皆有特色景点。南湖校区有大气的图书馆、"大创园陶瓷艺术梦工场"等。马房山校区"腾飞楼"古朴，飞马广场寓意深远，还有"桂竹园"等。余家头校区教学大楼历史感强，"航海楼"前风景如画，"水运湖"与教学大楼呼应。此外，鉴湖湖水清澈，复古感十足。

学术专长

武汉理工大学在科研方面表现出色。"材料复合新技术国家重点实验室"致力于先进材料研发，推动高新技术产业发展。"智能交通系统研究中心"聚焦交通智能化，提升交通运输效率。这些尖端科研成果，不仅凸显了武理工的工程技术优势，更为经济社会高质量发展提供了强有力的技术支撑。

这里有前沿的科技探索，有卓越的师资引领。快来武汉理工大学，开启你的梦想征程。

中南财经政法大学

财经政法类　"211工程"　"双一流"

中南财经政法大学，成立于1948年，初称"中原大学"。1953年，分别成立了"中南财经学院"和"中南政法学院"。2000年，中南财经大学和中南政法学院合并组建"中南财经政法大学"。校训为"博文明理、厚德济世"。在多年发展中，学校为国家培养了大量优秀人才。

优秀校友

中南财经政法大学拥有许多杰出校友。比如，龙宗智，在法学领域提出"相对合理主义"等理论，对中国司法改革产生积极影响；张明楷著的《刑法学》等成为法学经典。他们以卓越成就彰显了学校的育人实力。

校园氛围

中南财经政法大学秉承创新与跨学科学习的传统。"大数据与统计决策分析实验室"探索数据分析在商业决策中的应用；"知识产权研究中心"深入研究知识资产保护机制。通过这些项目，学校致力于培养具有国际视野和社会责任感的专业人才。

校园风采

中南财经政法大学风景如画。晓南湖湖水清澈，周边建筑林立。"文波钟楼"是地标，四季皆美。"南湖绿道"全长1.5千米，有"花园漫道""南湖阳台""松林湖影"三大景观片区，是休闲漫步佳处。"湖畔花境"以中南大道为界分互动区和景观区，花卉众多。文涛楼北侧小游园有"银河广场"等特色景观。校园内教学楼、图书馆各具特色。

学术专长

中南财经政法大学在科研方面成果丰硕。"知识产权研究中心"为国家知识产权战略提供智力支持；"经济管理行为与决策研究中心"聚焦经济管理前沿问题，推动理论创新。这些前沿研究机构，不仅巩固了中南财经政法大学在经管法领域的领先地位，更为我国经济转型升级与法治进步作出了积极贡献。

欢迎来到中南财经政法大学，这里学术氛围浓郁，政法精神源远流长。

湖北大学

综合类 普通本科

湖北大学，成立于 1931 年，初称"湖北省立教育学院"。1941 年，改为"国立湖北师范学院"。后经多次调整，1984 年更名为"湖北大学"。校训为"日思日睿、笃志笃行"。在九十余年的历程中，湖北大学始终秉持教育初心，为国家培养了大量优秀人才。

优秀校友

湖北大学拥有众多杰出校友。比如，历史学家冯天瑜，深入研究中国历史文化，其著作对传承中华文化起到重要推动作用；刘昌胜院士在生物材料和组织工程领域取得了显著成就；段怀清曾在央视《百家讲坛》主讲《白蛇传奇》。他们在各个领域取得卓越成就。

校园氛围

湖北大学倡导跨学科学习与创新实践。"湖北省生物催化与酶工程国家重点实验室"探索高效生物催化剂开发；"微纳能量转换与存储器件湖北省重点实验室"推进新型能源技术研究。这些项目携手解决复杂问题，体现了学校对学术自由与团队合作的高度重视。

校园风采

湖北大学校园景点独特。图书馆是文献信息保障中心和全国古籍重点保护单位，内设博物馆。"田家炳教育学院大楼"被称为"红楼"，有多功能教室。"沙湖琴园"临沙湖而建，环境精巧，曾有"琴园诗社"，是师生休闲的好去处。"求索广场"是重要活动场所。校园操场、教学楼承载记忆。自然景观与文化氛围共同构成湖大魅力。

学术专长

湖北大学在科研方面成果丰硕。"有机化工新材料湖北省协同创新中心"致力于新型材料研发，推动化工产业发展；"湖北省生物催化与酶工程重点实验室"聚焦生物催化技术，为生物医药等领域提供技术支持。湖北大学这些尖端研究成果，既彰显了其卓越的科研水平，也有力地支持了社会的持续健康发展。

欢迎加入湖北大学，以好奇心探索，以勤奋耕耘，收获成长与梦想。

中国人民解放军国防科技大学

军事类　"211工程"　"985工程"　"双一流"

中国人民解放军国防科技大学，成立于 1953 年，初称"中国人民解放军军事工程学院"。1970 年主体南迁长沙，改名为"长沙工学院"。1978 年，改建为"中国人民解放军国防科学技术大学"。校训为"厚德博学、强军兴国"。在多年发展中，为国防事业培养众多顶尖人才。

优秀校友

中国人民解放军国防科技大学拥有众多杰出校友。比如，慈云桂主持研制我国第一台亿次巨型计算机；张柏楠则是载人航天工程副总设计师、神舟飞船系统总设计师；谢军是北斗三号卫星首席总设计师。他们的成就为国家科技进步和国防安全提供了坚实保障。

校园氛围

国防科技大学弘扬跨界协作与学术探索的精神。"无人系统协同控制与智能决策"项目培育未来战争智能化指挥人才；"量子信息处理与安全通信"项目开拓国家信息主权保护新路径。这些多学科交融的项目，深化了军民融合教育模式，强化了国防科技创新体系。

校园风采

国防科技大学校园景色迷人。长沙校区图书馆是知识殿堂，教学楼见证奋斗的青春，训练场热血沸腾，"天河楼"风格独特，体育馆设施现代，校史馆庄严肃穆，"电磁利剑"象征使命，"梧桐林"与"樱花园"各具魅力，"龙虎亭"充满诗意。南京校区有"露染层林"，武汉校区文体馆独特，合肥校区电磁频谱楼别具一格。

学术专长

国防科技大学在科研方面成就斐然。"高性能计算国家重点实验室"致力于突破超算关键技术，为国家重大需求提供支撑；"航天科学与工程学院微小卫星研究中心"研制的微纳卫星在太空绽放光彩。这些尖端项目，不仅展示了国防科技大学的科技硬实力，更体现了其在维护国家安全和发展利益方面的深远影响。

欢迎各位有志青年投身国防科技大学，在这里铸就钢铁脊梁，书写壮丽人生篇章。

湖南大学

综合类　"211工程"　"985工程"　"双一流"

湖南大学，源于公元976年创立的"岳麓书院"。1903年岳麓书院改制为"湖南高等学堂"。1949年更名为"湖南大学"。在漫长的历史进程中，历经风雨，始终坚守育人使命。校训为"实事求是，敢为人先"。湖南大学传承千年学府文化，为国家培养众多栋梁之材。

优秀校友

湖南大学拥有众多杰出校友。比如，熊晓鸽在风险投资领域独具慧眼，推动中国科技创新企业发展；周光召为中国核科学事业作出卓越贡献；钟志华在汽车安全技术等方面取得重大突破，提升了我国汽车产业的竞争力。

校园氛围

湖南大学倡导跨学科互动与实践导向的学习模式。"智能网联车辆协同控制与优化"项目培养未来交通领域的复合型人才；"湖湘文化数字化传播与应用"项目创新传统文化传承途径。这些特色鲜明的项目鼓励师生跨越专业界限，共同探索知识边界，践行学以致用的教育理念。

校园风采

湖南大学校园景点众多。"东方红广场"纪念伟人，"岳麓书院"古朴厚重，乃"实事求是"策源地。"自卑亭"藏于绿荫中，富含哲理。校办公楼与大礼堂、老图书馆独具风格。"外语公园"可休闲赏花。"爱晚亭"名噪华夏，临岳麓山。"桃子湖"景色优美，人才聚集。"穿石坡湖"山水清幽。校园内教学楼、林荫道构成美丽风景，不同季节花卉绽放，玉兰、樱花、桂花等增添色彩与生机，尽显湖南大学魅力。

学术专长

湖南大学在科研方面成果丰硕。"汽车车身先进设计制造国家重点实验室"致力于汽车创新设计与智能制造技术研究，推动汽车产业升级。"化学生物传感与计量学国家重点实验室"在化学与生物传感领域不断创新，为生命科学等领域提供技术支持。这些标志性项目，充分体现了湖南大学对科技进步和社会责任的双重承诺，在多个领域内树立了行业标杆。

欢迎来到湖南大学，愿你在这开启智慧之旅，探索知识的无限，成就自己的卓越。

中南大学

综合类　"211工程"　"985工程"　"双一流"

中南大学，于 2000 年由原中南工业大学、湖南医科大学、长沙铁道学院合并组建成"中南大学"。校训为"知行合一、经世致用"。中南大学在多个领域取得突出成就，为国家培养了大量优秀人才。

优秀校友

中南大学拥有众多杰出校友。比如王传福，在新能源汽车领域成就卓越，推动了全球电动汽车产业的发展；梁稳根带领三一重工成为全球知名的工程机械制造商；汤飞凡在微生物学领域作出重大贡献，尤其是在沙眼衣原体的研究方面。

校园氛围

中南大学秉承开放协作与跨学科学习的理念。"微纳光子芯片集成制造"项目催生新一代光电信息技术；"再生医学与组织工程联合实验室"融合生物医学与材料科学，探寻人体器官修复新策略。这些跨域研究展现了中南大学在前沿科学领域的深厚积淀与无限潜能。

校园风采

中南大学校园美景如画。校本部观云池倒映蓝天白云，图书馆静谧宜人。新校区桂花树飘香，"求真桥"充满奇幻。南校区荷花池夏有荷花冬有韵。铁道校区居民区留存记忆。中铝科技大楼前樱花烂漫，还有玉兰、海棠等繁花似锦。新校"笃行桥"如画，"玉带河"波光粼粼。本部林荫道满是青春气息，"铁道梧桐路"充满浪漫生机。岳麓山、本部西苑各具特色。和平楼见证历史。

学术专长

中南大学在科研方面成果丰硕。"高性能复杂制造国家重点实验室"致力于高端装备制造关键技术研究，提升国家制造水平；"医学遗传学国家重点实验室"在遗传病研究和防治方面取得重大突破。这些高水准科研平台，既彰显了中南大学的综合实力，也深刻影响着相关行业的未来发展轨迹。

欢迎各位学子加入中南大学，投身知识海洋，勇攀科学高峰，铸就辉煌未来。

湖南师范大学

师范类　"211工程"　"双一流"

　　湖南师范大学，成立于1938年，初称"国立师范学院"。1953年全国院系调整，湖南大学撤销，建立了"中南土木建筑学院"和"湖南师范学院"。1984年，学校更名为"湖南师范大学"。校训为"仁爱精勤"。在八十余年的发展历程中，湖南师范大学为国家培养了大批优秀人才。

优秀校友

　　湖南师范大学拥有众多杰出校友。比如，夏家辉院士建立了中国的临床细胞遗传学，为我国医学遗传学的发展作出重大贡献。刘筠院士在鱼类繁殖和育种研究方面成果丰硕。他们以各自的成就彰显了湖南师大的育人成果。

校园氛围

　　湖南师范大学校园倡导跨领域协作与学术探索。如"语言与脑科学"项目，解码人类沟通奥秘；"文化遗产保护与利用"课题，集合历史学、考古学专长，活化古迹生命力。这些多元化的研究平台携手推进知识创新与文化传播，体现了学校对卓越教育与科研的坚定承诺。

校园风采

　　湖南师范大学景点众多。"桃子湖"碧波荡漾，江南韵味十足。"岳王亭"景区山水如画，具爱国教育意义。老校门古朴热烈，承载历史。"忠烈祠"沉香旧木，彰显英雄气概。图书馆周正沉稳，书香四溢。"木兰路"春时繁花似锦，"银杏大道"秋日落满金黄。"樟园"香樟林立，学子诵读。"黉门"临江而峙，造型别致。校园还有石桥、红楼等景观。四季皆美，不同角落魅力各异。

学术专长

　　湖南师范大学在科研方面成果丰硕。"淡水鱼类发育生物学国家重点实验室"致力于鱼类发育生物学研究，为水产养殖等领域提供重要支撑；"化学生物学及中药分析教育部重点实验室"在化学与生物学交叉领域不断创新。这些尖端科研机构，不仅提升了学校的学术影响力，更为解决社会重大问题提供智力支持。

　　加入湖南师范大学，用知识和热情浇灌，绽放出属于自己的教育之花，成就非凡的教师生涯。

辽宁

大连理工大学

综合类 "211工程" "985工程" "双一流"

大连理工大学，成立于 1949 年，初称 "大连大学工学院"。1950 年独立为 "大连工学院"。1988 年更名为 "大连理工大学"。校训为 "团结、进取、求实、创新"。在七十余年的发展历程中，为国家培养了大量优秀人才，在工程等领域成就卓越。

优秀校友

大连理工大学拥有众多杰出校友。比如，钟万勰提出的 "辛体系" 等理论为工程结构分析与设计提供了新方法；王之江参与研制了中国第一台红宝石激光器。他们以卓越的成就彰显了大连理工大学的育人实力。

校园氛围

大连理工大学弘扬创新协同与跨学科学习氛围。"智能船舶与海洋工程" 项目引领海事科技前行；"新能源材料与器件开发" 课题驱动绿色能源革命。这些跨领域科研活动共同书写科技进步的新篇章，凸显了大工在培养未来科学家与工程师方面的独特视角。

校园风采

大连理工大学校园景点众多。主楼前毛泽东塑像见证变迁。令希图书馆现代化气息浓厚且藏书丰富。"牛角山" 可俯瞰校园美景。情人坡与情人路充满文艺气息。一、二馆古朴厚重。春天玉兰花绽放。"凌水湖" 有屈伯川院长笔迹石头，彩虹桥横跨其上。"伯川图书馆" 典雅现代。"刘长春体育馆" 以体育先驱命名。校史馆是文化窗口。还有南门等景点。大工校园一草一木皆故事，一砖一瓦显精神，等你来领略其独特魅力。

学术专长

大连理工大学在科研方面成果丰硕。"精细化工国家重点实验室" 致力于精细化工领域的创新研究，推动化工产业发展；"海岸和近海工程国家重点实验室" 在海洋工程领域不断探索，为海洋开发提供技术支持。这些高水准科研基地，不仅彰显了大工的创新能力和国际竞争力，更在解决国家战略需求和社会经济发展的关键技术难题上发挥着重要作用。

欢迎各位学子报考大连理工大学，聆听智慧的声音，绽放属于你的青春光彩。

东北大学

理工类　"211工程"　"985工程"　"双一流"

　　东北大学，成立于 1923 年。1928 年，张学良兼任校长。抗战期间，学校被迫内迁。1949 年，"东北工学院"在原东北大学工学院基础上成立。1993 年复名为"东北大学"。校训为"自强不息，知行合一"。在百余年历程中，为国家培养了众多优秀人才。

优秀校友

　　东北大学拥有众多杰出校友。比如，方肇伦创建的流动注射分析技术在全球范围内得到广泛应用；柴天佑为我国工业自动化发展提供了关键技术。他们以卓越成就彰显了东北大学的育人实力。

校园氛围

　　东北大学秉持创新融合与学术探索精神。"钢铁冶金新技术国家重点实验室"提升金属资源利用率。"深部灾害防控与智能开采技术"项目，采矿工程与人工智能交叉，保障矿山安全生产。这些跨学科研究体现了东北大学师生致力于解决复杂工程问题的能力与决心。

校园风采

　　东北大学校园景点众多，魅力非凡。质朴的校门见证变迁，俄式风格的主楼大气庄重。"宁恩承图书馆""汉卿会堂"独具特色。"刘长春体育馆"如雄鹰展翅，外有刘长春雕像屹立。校史馆呈现百年历程，图书馆是知识海洋。"拓荒牛"雕塑激励进取，"火箭广场"长征五号模型壮观。"冶金学馆"见证历史，"六角亭"古色古香。"一二·九"运动群雕诉说爱国情怀。还有"争鸣湖"等自然景观。

学术专长

　　东北大学在科研方面成果丰硕。"轧制技术及连轧自动化国家重点实验室"致力于钢铁轧制技术创新，推动冶金行业发展；"流程工业综合自动化国家重点实验室"在工业自动化领域不断探索，为制造业转型升级提供支撑。这些顶尖科研平台，既展示了东北大学的学术魅力，也为其在推动经济社会进步中的角色添上了浓墨重彩的一笔。

　　欢迎各位学子报考东北大学，在这里追逐梦想，成就精彩人生。

大连海事大学

理工类　"211工程"　"双一流"

大连海事大学，成立于1909年，初称"邮传部上海高等实业学堂船政科"。1953年，多所专科学校合并成立"大连海运学院"。1994年更名为"大连海事大学"。校训为"学汇百川，德济四海"。在百余年发展中，学校为国家航运事业培养众多人才。

优秀校友

大连海事大学拥有众多杰出校友。比如，贝汉廷以精湛的航海技术和高尚的职业操守闻名，为我国远洋运输事业作出卓越贡献；马家骏是中国第一代远洋船长，对中国的远洋航运事业有着重要的贡献。这些校友在各个领域都取得了显著的成绩。

校园氛围

大连海事大学秉承跨界协作与学术开放的理念。"智能船舶与海洋信息技术研究中心"探索无人船自主航行奥秘；"海洋环境科学与工程"共研海洋生态保护方案。这些跨学科研究生动诠释了大连海事大学对培育新时代海洋人才的承诺。

校园风采

大连海事大学校园风景独特。"心海湖"为校庆而建,校训石镌刻校训。"司南广场"司南雕塑别具意义。西山体育场、东山礼堂各有特色。海大展馆记载航海教育发展。天象馆可领略星空。校门、"百年校庆"纪念雕塑彰显标志。校园道路命名独特。教学楼命名富有内涵。育鲲轮和育鹏轮是"流动国土"。校友爱心墙记录感恩。"航标灯"如人生灯塔。大连海事大学处处皆风景，等你来感受其独特魅力与深厚底蕴。

学术专长

大连海事大学在科研方面成果显著。"航海动态仿真和控制交通行业重点实验室"致力于航海仿真技术研究，为航海安全提供保障；"船舶导航系统国家工程研究中心"在船舶导航领域不断创新，推动航运科技进步。这些尖端项目，不仅彰显了大连海事大学在航运领域的深厚积累，更为全球海事行业的创新发展提供了有力支撑。

欢迎加入大连海事大学，以海洋的广阔胸怀拥抱未知，开启蓝色梦想之旅。

辽宁大学

综合类　"211工程"　"双一流"

辽宁大学,成立于1948年,初称"商业专门学校"。1953年,东北商业专科学校并入"东北财经学院"。1958年,多所专科学校合并组建成"辽宁大学"。校训为"明德精学、笃行致强"。在多年发展中,为国家培养了大量优秀人才。

优秀校友

辽宁大学拥有众多杰出校友。比如,王恩哥在纳米材料等方面的研究推动了材料科学的发展;葛海蛟在金融创新与风险管理领域见解深刻且独到,为中国金融行业改革发展积极助力。他们展现了辽大校友的非凡实力。

校园氛围

辽宁大学秉持跨学科合作与学术探索的精神。"区域经济学与东北振兴战略研究中心"探讨东北全面振兴路径;"文化遗产数字化保护实验室"守护文化记忆。这些特色项目旨在激发师生跨域思考,共同为地方经济社会发展注入活力,彰显辽大对培养复合型人才的坚定承诺。

校园风采

辽宁大学校园景色宜人。崇山校区银杏路闻名遐迩,秋季银杏叶泛黄,美不胜收,自2013年起举办"银杏节",还有"灼灼其华"景观石。蒲河校区南侧沿河景观带森林栈道似天然氧吧。崇山校区欧式建筑端庄典雅,蕙星楼曾是沈阳十大建筑之一。校园内其他建筑、湖泊、操场也具魅力。辽宁大学处处皆景,既有自然之美,又有历史韵味,欢迎你来感受这独特的校园风光与文化氛围。

学术专长

辽宁大学在科研方面成果显著。"轻型产业学院食品科学与工程实验教学中心"致力于食品科学研究,为食品产业发展提供技术支持;"经济学院国民经济学重点学科"在经济领域不断探索创新,为国家经济决策提供理论依据。这些卓越的研究机构,不仅体现了辽宁省在高科技产业的领先地位,更在全球范围内促进了产业升级与可持续发展目标的实现。

同学们,辽宁大学等你来。这里学风优良,机遇无限,与优秀者同行,共创美好未来。

吉林

吉林大学

综合类　"211工程"　"985工程"　"双一流"

吉林大学，成立于 1946 年，初称"东北行政学院"。在多年发展中，历经多次合并调整。2000 年，原吉林大学、吉林工业大学、白求恩医科大学、长春科技大学、长春邮电学院合并组建新"吉林大学"。校训为"求实创新、励志图强"。吉林大学在众多领域培养出大量优秀人才。

优秀校友

吉林大学拥有众多杰出校友。比如，黄大年致力于地球探测科学技术，推动我国相关领域快速进步；李四光在地质学方面成就卓越，为国家找矿事业作出巨大贡献；徐显明在法学领域贡献突出，推动我国法治建设进程。

校园氛围

吉林大学秉承跨界融合的教学理念。"高分辨质谱分析方法及应用基础研究"项目深研生命科学；"仿生科学与工程教育部重点实验室"开拓仿生技术新境界。此类跨学科平台促进吉林大学师生深度协作，激发创新思维，共绘学术新篇章。

校园风采

吉林大学的校园建筑与园林景观如绚丽画卷，令人神往。古朴的教学楼承载历史，现代化的图书馆造型独特，艺术礼堂精美绝伦。园林中绿树成荫，夏日遮阳。春天樱花大道如梦似幻，秋天银杏林金黄如画。湖泊清澈，涟漪微荡，垂柳倒映。花卉四季绽放，缤纷多彩。这里不仅是视觉盛宴，更是心灵慰藉，为师生营造宁静优美、充满活力的学习生活环境，展现出独特魅力。

学术专长

吉林大学在科研方面成果丰硕。"集成光电子学国家重点实验室"致力于光电子技术研究，推动信息技术发展；"汽车仿真与控制国家重点实验室"在汽车领域不断创新，为我国汽车产业提供技术支持。通过这些交叉领域的研究项目，吉林大学师生得以拓宽视野，深化专业知识，共同编织科技与学术的未来蓝图，充分体现了学校致力于培养具有国际竞争力的复合型人才的教学理念。

同学们，快来吉林大学开启求知之旅，勇攀学术高峰，让梦想起航。

东北师范大学

师范类 "211工程" "双一流"

东北师范大学，成立于1946年，初称"东北大学"。1950年更名为"东北师范大学"。校训为"勤奋创新、为人师表"。在七十多年的发展历程中，为国家培养了大量优秀教育人才和各领域杰出人士，在教育、人文社科等领域成就卓越。

优秀校友

东北师范大学拥有众多杰出校友。比如，冯志远扎根边疆教育，奉献一生；刘益春长期致力于半导体光电子材料与器件研究；郑德荣在马克思主义理论研究方面成果丰硕，为党的理论建设贡献巨大力量。

校园氛围

东北师范大学弘扬跨界协作与学术探索。"中国东北史研究所"深度解析地域文化脉络；"生态环境科学研究中心"联动地理科学与环境工程，共绘绿色发展蓝图。这些项目为培养具有批判性思维与创新能力的未来领导者奠定了坚实基础。

校园风采

东北师范大学的校园建筑与园林景观独具魅力。古朴典雅的中式传统建筑，飞檐斗拱，尽显历史厚重；简洁大气的现代建筑，线条流畅，富有时代气息。它们错落分布，与自然相融。净月校区"静湖"如璀璨明珠，湖水清澈，垂柳摇曳。校园还有大片绿地花园，四季花卉各异。春有桃杏樱花，粉白如画；夏有荷花亭亭；秋有银杏如毯；冬有雪花飞舞。这里是美丽的风景线，更是师生学习生活与心灵的栖息之所。

学术专长

东北师范大学在科研方面成果显著。"药物基因和蛋白筛选国家工程实验室"致力于生物医药领域的创新研究，为医疗事业发展提供技术支持；"植被生态科学教育部重点实验室"在生态科学领域不断探索，为环境保护作出贡献。这些前瞻性研究平台，不仅彰显东北师范大学的科研活力，更为促进地区乃至全球的可持续发展贡献智慧与力量。

走进东北师范大学，感受别样魅力，在这里开启梦想，愿你的明天更加精彩。

延边大学

综合类　"211工程"　"双一流"

延边大学，成立于1949年，初称"延吉大学"。1996年，多所专科学校合并组建成"延边大学"。校训为"求真、至善、融合"。在七十多年的发展历程中，延边大学为民族地区培养了大量优秀人才，在教育、文化、科技等方面发挥了重要作用。

优秀校友

延边大学拥有众多杰出校友。比如，熊仁根专注于分子铁电聚合物的设计合成与功能研究，取得了系统性和创新性成果；马琰铭确定了钠绝缘体高压相和锂半导体高压相的晶体结构，创建了基于群体智能的CALYPSO结构预测方法。他们在各自领域发光发热。

校园氛围

延边大学崇尚创新合作与学术探索。"长白山生物多样性与生态修复"项目共同守护自然遗产；"朝鲜语语音识别与机器翻译系统开发"促进文化交流无障碍。此类跨学科项目践行开放共享的教学理念，为培养适应全球化挑战的创新型人才提供了肥沃土壤。

校园风采

延边大学的校园建筑与园林景观令人陶醉。庄重的求真楼、勤学楼等教学楼承载着知识的传承；融合楼、师范楼等学院楼孕育着专业人才。逸夫图书馆等知识宝库散发着浓郁的学术气息。校园里，春季繁花似锦，秋季红叶烂漫，绿化景观美不胜收。特色的朝鲜族风格建筑如博物馆独具魅力，珲春校区的红石榴阶梯寓意深刻，延大网红墙更是成为独特标识，这里的一景一物都彰显着延大的特色与活力。

学术专长

延边大学在科研方面成果显著。"长白山生物资源与功能分子教育部重点实验室"致力于长白山地区生物资源的研究与开发，为地方经济发展提供技术支持；"朝鲜半岛研究协同创新中心"在朝鲜半岛问题研究方面不断探索，为地区和平稳定作出贡献。上述科研机构的卓越表现，既展示了延边大学雄厚的研究实力，也彰显了其服务国家战略和社会发展的责任担当，有力促进了科技成果转化与地方经济转型升级。

怀揣梦想来到延边大学，拼搏进取，汲取知识，不负青春韶华。

哈尔滨工业大学

理工类　"211工程"　"985工程"　"双一流"

　　哈尔滨工业大学，成立于 1920 年，初称"哈尔滨中俄工业学校"。此后历经多次改名，1938 年正式定名为"哈尔滨工业大学"。校训为"规格严格，功夫到家"。在百年历程中，哈尔滨业工大学始终以航天、国防为特色，为国家培养了大批优秀人才。

优秀校友

　　哈尔滨工业大学拥有众多杰出校友。孙家栋，中国航天科技事业的重要开拓者，领导发射了中国第一颗人造地球卫星；刘永坦，研制新体制雷达，为海防作出卓越贡献；李长春，为中国文化建设和宣传事业贡献力量。他们的成就彰显了哈工大的育人实力。

校园氛围

　　哈尔滨工业大学秉持创新合作与学术探索精神。"微纳卫星技术研发"共创星际探索新篇章；"智能网联汽车关键技术"课题，开拓智慧出行新纪元。这些跨领域项目深化交叉学科研究，旨在培育兼具国际视野与实践能力的未来工程师。

校园风采

　　哈尔滨工业大学的校园建筑与园林景观魅力非凡。庄重的主楼、电机楼、机械楼等彰显着历史底蕴，而现代的各校区主楼等又展现出时代气息。丁香花开时，校园化作花海，香气四溢。冬季，皑皑白雪覆盖，建筑与雪景构成绝美画卷。哈工大博物馆诉说着过往，航天馆展示着科技辉煌。校园里，理学楼、致知楼等见证着学子的成长。这里的景色与建筑完美融合，是知识与美的殿堂，令人心驰神往。

学术专长

　　"空间环境地面模拟装置国家重大科技基础设施"助力航天科技发展。"机器人技术与系统国家重点实验室"在机器人领域成果斐然。"先进焊接与连接国家重点实验室"推动焊接技术创新，为制造业升级提供支撑。这些顶尖科研平台，不仅彰显出学校在高精尖领域的深厚积累，更在全球科技竞争中扮演着关键角色，为实现科技进步与国家安全贡献力量。

　　成功踏入哈工大，新征程新希望，努力进取，满怀激情，不负青春梦想。

哈尔滨工程大学

理工类 "211工程" "双一流"

哈尔滨工程大学，成立于1953年，初称"中国人民解放军军事工程学院"，简称"哈军工"。1994年，更名为"哈尔滨工程大学"。校训为"大工至善，大学至真"。在七十余年的发展中，哈尔滨工程大学为我国国防科技事业培养了大量优秀人才。

优秀校友

哈尔滨工程大学优秀校友众多。比如，叶聪是"蛟龙号"等载人潜水器总设计师，为我国深潜事业作出卓越贡献；邢继是"华龙一号"总设计师，推动我国核电技术发展；唐宏刚是C919项目副总设计师，助力大飞机事业腾飞。

校园氛围

哈尔滨工程大学倡导跨界协作与学术探索。"无人潜航器集群协同作业"项目共绘深海探索蓝图；"智能感知与图像处理"课题开创新一代智能监控体系。此类跨学科项目激发师生潜能，深化产学研结合，旨在塑造具有国际竞争力的复合型人才。

校园风采

哈尔滨工程大学的校园建筑与园林景观令人沉醉。校史馆和哈军工纪念馆，如历史的丰碑，承载着厚重过往。启航中心的船舶博物馆特色鲜明，展现独特魅力。逸夫楼周边环境宜人，学术氛围浓郁。春天，杏花长廊杏花绽放，古风诗意扑面而来；秋季，枫叶林枫叶似火，秋意弥漫。建筑与景色相得益彰，构成活力与文化兼具的画卷，让人流连，见证着学校发展传承，成为师生美好记忆。

学术专长

"水下机器人技术重点实验室"在水下机器人研发方面处于国内领先地位。"核安全与仿真技术国防重点学科实验室"为我国核安全保障提供技术支持。"深海工程与高技术船舶协同创新中心"致力于推动我国船舶与海洋工程领域的技术创新。这些尖端研究平台为应对全球性挑战提供智力支持和技术保障，展现出高等教育服务于国家战略需求的重要作用。

来到哈尔滨工程大学，感受学术氛围，充实自我，为未来奠基，努力向前。

东北林业大学

东北林业大学，成立于 1952 年，初称"东北林学院"。1985 年更名为"东北林业大学"。校训为"学参天地、德合自然"。在七十多年的发展中，为国家林业事业培养了大量专业人才。学校在森林资源保护与利用等领域成就斐然。

优秀校友

东林拥有众多杰出校友。比如，马建章院士为野生动物保护事业作出巨大贡献；李坚在木材科学与技术领域成果丰硕；胡延国在环保能源行业取得了显著成就，为中国的环保事业作出了重要贡献。他们的成就推动了相关行业的发展。

校园氛围

东北林业大学弘扬创新协作精神。"森林资源与生态环境监测"项目精准评估森林健康状况；"生物质能源转化"课题探寻可再生资源高效利用之道。这类跨学科研究充分体现了东北林业大学在培养具备广博知识面与专业技能复合型人才方面的不懈追求。

校园风采

东北林业大学的校园建筑与园林景观璀璨夺目。锦绣楼庄重大气，彰显学术严谨；丹青楼艺术气息浓郁；成栋楼现代化设计，设施先进。图书馆如知识宝库。知园宁静，湖水倒映景色，垂柳摇曳。俭德园充满生活气息。红房子广场宽敞开阔，活力满满。校园中的林场宛如绿色明珠，四季更迭展现出不同的绝美景色。马家沟河畔波光粼粼，林荫道下绿树成荫。

学术专长

"林木遗传育种国家重点实验室"致力于林木优良品种培育。"森林生态系统可持续经营教育部重点实验室"为森林生态保护提供技术支撑。"野生动物与自然保护地学院科研平台"在野生动物保护方面发挥重要作用。这些前瞻性科研工作不仅彰显东林的学术影响力，也对推进生态文明建设，实现人与自然和谐共生的目标作出重要贡献。

走进东北林业大学，踏入知识森林，满怀期待，坚定努力奋进，开启精彩旅程。

东北农业大学

农林类　"211工程"　"双一流"

东北农业大学，成立于 1948 年，初称"东北农学院"。1994 年更名为"东北农业大学"。校训为"博学笃行，明德亲民"。在七十多年的发展历程中，为国家农业领域培养了大量优秀人才，在农业科技等方面成果显著。

优秀校友

东北农业大学拥有众多杰出校友。比如，蒋亦元院士在农业机械领域贡献卓越；周琪在动物克隆等生物技术方面取得重大突破；李景富致力于番茄育种研究，培育出多个优良品种。他们的成果为农业发展注入强大动力。

校园氛围

东北林业大学弘扬创新协作精神。"森林资源与生态环境监测"汇集遥感技术，精准评估森林健康状况；"生物质能源转化"课题探寻可再生资源高效利用之道。这类跨学科研究充分体现了东北林大在培养具备广博知识面与专业技能复合型人才方面的不懈追求。

校园风采

东北农业大学的校园建筑与园林景观如绚丽画卷，魅力非凡。成栋楼气势恢宏，教室宽敞。音乐厅造型别致，艺术气息浓郁。图书馆庄重典雅，是知识的海洋。马家花园如璀璨明珠，绿树成荫，花卉争艳，亭台错落。南广场开阔，建筑与绿树相映。"后稷园"四季皆美，春柳夏荷、秋果冬雪；"古亭园"小桥流水，充满古韵；"爱晚亭"在秋意中独显风姿。校园的林荫路，繁茂树木下洋溢着青春气息。

学术专长

"寒地粮食作物种质创新与生理生态教育部重点实验室"推动寒地作物研究。"动物营养与饲料科学重点实验室"为畜牧业发展提供技术支持。"大豆生物学教育部重点实验室"助力大豆产业升级。这些前沿探索与实践对提升农业生产力、保障食品安全及促进农村经济发展起到关键作用，为构建绿色、可持续的现代农业农村体系添砖加瓦。

走进东北农业大学，投身学术海洋，欣赏校园景致，拼搏奋进，收获成长智慧。

河北大学

综合类 普通本科

河北大学，成立于 1921 年，初称"天津工商大学"。后历经数次更名，1960 年定名为"河北大学"。校训为"实事求是"。在百年发展历程中，河北大学为国家培养了众多优秀人才，在文理工等多领域成果斐然。

优秀校友

河北大学拥有众多杰出校友。比如，著名戏曲节目主持人白燕升致力于推广中国传统戏曲文化；庞国芳院士建立了多种农药残留检测方法；田永君在超硬材料领域取得重大突破。他们以各自的成就为母校增光添彩。

校园氛围

河北大学积极推动跨学科学习与研究。"智能信息处理与安全"项目，师生携手攻克数据加密难题；"太行山生态文明建设协同创新中心"集合生态学、经济学等多元视角，共绘绿色发展蓝图。这些项目旨在培养学生全面思考能力和创新意识，反映了河北大学对于教育质量提升与社会贡献的双重承诺。

校园风采

河北大学的校园建筑与园林景观如璀璨画卷，魅力十足。教学主楼庄严大气，逸夫楼现代感强，文科楼古色古香。第九教学楼布局独特，像神秘迷宫。校史馆庄重沉稳，记录着岁月痕迹。坤舆生活广场开阔，建筑与绿树相映。"坤舆湖"碧波荡漾，锦鲤嬉戏；景观大道秋季金黄，别具风情；"毓秀园"宁静优美，是学子们休闲放松的好去处。三色树色彩斑斓如诗画，银杏景观满是底蕴。

学术专长

"新能源光电器件国家地方联合工程实验室"推动新能源领域发展。"药物化学与分子诊断教育部重点实验室"在医药研发方面发挥重要作用。"燕赵文化高等研究院"深入挖掘地域文化，传承创新燕赵文明。这些尖端科研平台的成功运行，既彰显了河北大学的科研活力，也展现出高校服务于国家战略需求的使命与担当。

于河北大学学习，融入浓厚氛围，探索知识天地，追逐梦想之光。

河南

郑州大学

综合类　"211工程"　"双一流"

郑州大学，成立于1956年。1961年，郑州师范学院并入。1991年，黄河大学并入。2000年，原郑州大学、郑州工业大学、河南医科大学合并组建成"郑州大学"。校训为"求是担当"。在六十多年的发展历程中，郑州大学为国家培养了大量优秀人才。

优秀校友

郑州大学拥有众多杰出校友。比如，霍裕平领导我国受控热核聚变实验研究，为我国能源事业开辟新方向；阎锡蕴院士在纳米生物学领域取得重大突破，为生物医药发展开辟新途径。他们用智慧和汗水书写郑州大学辉煌篇章。

校园氛围

郑州大学倡导学术无界、创新无限的理念。"新能源材料与器件协同创新中心"探索清洁能源新技术；"中原文化遗产数字化保护研究中心"跨越人文社科与工科界限，共同守护华夏文明记忆。这些跨学科项目旨在培养具有国际视野与创新能力的复合型人才。

校园风采

郑州大学的校园建筑与园林景观如壮丽画卷，魅力非凡。主教学楼庄严雄伟，文科园古色古香，理科园现代时尚。庄重的图书馆内，知识的宝藏静候学子探寻。"眉湖"如璀璨明珠，八景环绕，景色宜人，湖水清澈，湖心岛亭台别致。厚山瀑布飞泻，带来清凉。"泊月长廊"宁静而富有诗意。"樱花林"在春日绽放浪漫花海。"杏坛槐林"充满悠悠诗意。"牡丹园"花开时姹紫嫣红。"五星广场"开阔，建筑与花草相映。

学术专长

"药物关键制备技术教育部重点实验室"专注创新药物研发，为医药产业带来新突破。"材料成型及模具技术教育部重点实验室"致力于先进材料成型技术研究，推动制造业升级。"国家超级硬质材料工程技术研究中心"致力于超硬材料制备，推动制造业升级。这些标志性成果，充分展示了郑州大学对科技进步与社会发展的积极贡献。

走进郑州大学，珍惜时光勤奋进取，汲取智慧力量，追求卓越人生。

河南大学

综合类 "双一流"

河南大学，成立于 1912 年，初称"河南留学欧美预备学校"。1930 年首次命名为"河南大学"。此后历经多次变迁。校训为"明德新民，止于至善"。百年风雨，河南大学培育无数英才，在教育、文化等领域贡献卓越。

优秀校友

河南大学拥有许多杰出校友。比如，冯友兰对中国哲学的现代化进程产生深远影响；常俊标研发的 1.1 类新药阿兹夫定能够用于抗新型冠状病毒；侯恒主编的《〈资本论〉若干理论问题争议》和参编的《〈资本论〉词典》被学界列入学习资本论必备的参考书。他们各自在自己的领域发光发热。

校园氛围

河南大学倡导跨学科创新与开放教育氛围，"纳米功能材料研究所"共同研发新型能源材料；"中原文化遗产数字化项目"运用现代科技复活千年古迹；这些融合性科研活动旨在培育学生的综合素养与解决实际问题的能力。

校园风采

河南大学的校园建筑与园林景观如绚丽历史画卷，魅力独具。宏伟的大礼堂，歇山式屋顶飞檐斗拱，琉璃瓦熠熠生辉，见证着学校的风雨历程与辉煌时刻。博雅楼气势恢宏，承载学子梦想；

逸夫图书馆造型别致，融合现代与古朴。"铁塔湖"似明珠，倒映垂柳与铁塔。"凝碧亭"错落有致，周边景色四季迷人。博雅广场开阔，建筑与花草相映。庄严的南大门，朱红色高大威严，彰显着深厚的历史底蕴。

学术专长

"纳米杂化材料应用技术国家地方联合工程研究中心"专注纳米材料研发，推动材料科学进步。"抗体药物开发技术国家地方联合工程实验室"致力于创新药物研发，为医药产业发展注入新动力。"高效显示与照明技术国家地方联合工程研究中心"推动光电技术发展，助力科技创新。众多前沿平台助力河南大学在科研道路上稳步前行。

走进河南大学，投身学术瀚海，开启求学之旅，让青春在河大绽放绚丽光彩。

江西

南昌大学

综合类　"211工程"　"双一流"

南昌大学，成立于1921年，初称"江西公立医学专门学校"。1949年更名为"国立南昌大学"。此后历经多次调整，1993年江西大学与江西工业大学合并组建成"南昌大学"。校训为"格物致新、厚德泽人"。百年征程，南大为国家培养众多栋梁之材。

优秀校友

南昌大学拥有众多杰出校友。比如，黄克智院士在固体力学领域贡献卓越；江风益院士带领团队成功研发硅衬底蓝光 LED 技术，打破国外技术垄断。他们以卓越成就为母校增光添彩。

校园氛围

南昌大学大力倡导跨学科探索与开放合作的学术环境。"新能源汽车电池技术研究项目"聚力突破电池续航瓶颈；"高性能半导体材料研发中心"携手攻克芯片材料关键技术。这些项目旨在培养学生的多元能力，推动学校科研水平和教育质量的双提升。

校园风采

南昌大学的校园建筑与园林景观如绚丽画卷，魅力非凡。主教楼雄伟壮观，教室宽敞明亮；文法楼古色古香，人文气息浓郁；理科生命大楼科技感十足。正气广场气势恢宏，雕塑雄伟。校史博物馆承载历史文化。贝莲喷泉造型独特，水花灵动。"润溪湖"似明珠，湖水清澈，小径蜿蜒。"前湖"湖水清澈，四季景异。"龙腾湖"碧波荡漾，周边幽静。校园花海色彩斑斓，花香四溢。

学术专长

南昌大学在科研方面表现出色。"食品科学与技术国家重点实验室"专注食品创新研发，保障食品安全。"发光材料与器件教育部工程研究中心"推动新型发光材料发展，为显示技术进步助力。"鄱阳湖湿地生态系统国家定位观测研究站"长期监测湿地动态，为生态环境保护提供决策依据。南昌大学通过这些前沿阵地，为科技强国战略添砖加瓦。

踏梦至南昌大学，知识星河任我游，学途璀璨绽繁花。

中国科学技术大学

理工类　"211工程"　"985工程"　"双一流"

中国科学技术大学，成立于 1958 年。建校以来，始终坚持"红专并进、理实交融"的校训。中国科学技术大学在六十余载发展中，为国家培养了大量顶尖科研人才，在科技前沿领域成就斐然。

优秀校友

中国科学技术大学拥有众多杰出校友。比如，潘建伟构建了世界首颗量子科学实验卫星"墨子号"；庄小威发明了超高分辨率成像技术；郭光灿在量子信息领域贡献突出，推动了我国量子光学的发展。他们用智慧和努力为中科大增添光彩。

校园氛围

中国科学技术大学崇尚创新与学术交融。"墨子号"量子卫星项目首创天地一体化量子通信网络；"托卡马克装置 EAST 实验"探索核聚变能源梦想。此类跨学科合作，旨在培养学生批判思维与实践能力，体现中科大对科学探索与人才培养双重使命的坚守。

校园风采

中国科学技术大学的校园建筑与园林景观如璀璨明珠，魅力非凡。东区二教庄严典雅，西区三教现代大气。"孺子牛"雕塑展现奋进精神，老图书馆和第一教学楼作为地标建筑，彰显着历史韵味。老北门古雅，门旁紫藤摇曳。"也西湖"如宝石，湖水清、垂柳依，"眼镜湖"与"一鉴亭"相依，景色宜人，"九曲桥"增添诗意。郭沫若广场开阔，雕像庄严肃穆。樱花大道的春天如梦似幻。

学术专长

中国科学技术大学在科研方面屡创佳绩。"微尺度物质科学国家研究中心"聚焦量子信息等前沿领域，取得众多原创性成果；"同步辐射国家实验室"在材料科学等方面发挥重要作用，为科技创新提供强大支撑；"国家同步辐射实验室"驾驭光子之舞，解析物质微观世界。中国科学技术大学以尖端科技成果，落实创新驱动发展战略，为构建和谐共生的人类命运共同体注入强劲动力。

在中科大求学，踏创新征程，融浓厚氛围，习专业知识，成栋梁之材。

合肥工业大学

理工类　"211工程"　"双一流"

合肥工业大学，成立于1945年，初称"安徽省立蚌埠工业职业学校"。此后历经多次更名与发展，1958年正式定名为"合肥工业大学"。校训为"厚德、笃学、崇实、尚新"。在七十多年的历程中，为国家培养了大量优秀人才，在工程等领域成绩斐然。

优秀校友

合肥工业大学拥有众多杰出校友。比如，徐南平在膜科学领域成就非凡，研发出高性能膜材料，为化工分离等领域作出重大贡献；左延安带领江淮汽车不断创新发展，推出多款畅销车型。他们以卓越成就彰显合工大的育人实力。

校园氛围

合肥工业大学倡导交叉学科创新。"智能网联汽车技术"项目探索未来交通解决方案；"微纳制造与精密测量"课题精雕细琢纳米尺度。此类跨领域协作培育具有国际视野的工程领军人才，凸显合肥工业大学科教兴国战略下的使命担当。

校园风采

合肥工业大学的校园建筑与园林景观如绚丽画卷，魅力十足。主教楼庄重肃穆，彰显学术庄严。翡翠湖校区逸夫建筑艺术馆造型别致，艺术气息浓郁。屯溪路校区格物楼简洁大气。"斛兵塘"似明珠，湖水清澈，倒映美景。东风广场开阔，建筑与花草相映。"俪人湖"景色秀丽，宛如校园明珠。林荫道绿树成荫，充满诗意。

学术专长

合肥工业大学在科研方面不断进取。"汽车工程技术中心"聚焦新能源与智能化，驱动汽车产业转型升级；"光伏系统工程研究中心"捕捉太阳光芒，优化能源结构，助力双碳目标实现；"高端装备先进感知与诊断技术教育部重点实验室"深研精密测量，保障大国重器稳健运行。合工大以技术创新践行社会责任，为建设创新型国家添翼助飞。

在合肥工大求学，收知识甘甜，促自我完善，谱人生新篇。

安徽大学

综合类　"211工程"　"双一流"

　　安徽大学，成立于 1928 年，初称"安徽省立大学"。此后历经多次变迁与发展。校训为"至诚至坚、博学笃行"。在近百年的发展历程中，为国家培养了众多优秀人才，在人文社科和自然科学等领域都有突出表现。

优秀校友

　　安徽大学拥有众多杰出校友。比如，黄德宽主持多项重大古文字研究项目，为传承中华传统文化作出重要贡献；汪旭光率先在国内研制成功高威力田菁 10 号浆状炸药和 EL 系列乳化炸药。他们以卓越成就为母校增光添彩。

校园氛围

　　安徽大学孕育创新之花。"微电子器件与集成系统"探索芯片设计新路径；"光电器件与集成技术研究所"的师生，跨越物理学与电子工程，共同研发高性能光电器件。这类跨领域合作打破常规，激发无限创意潜能，映照出安徽大学教育理念中的包容性与前瞻性。

校园风采

　　安徽大学的校园建筑与园林景观如绚丽画卷，魅力非凡。文典阁庄重典雅，似知识宝藏。博学北楼与南楼相对，教室宽敞。适之楼充满历史韵味。老图书馆别具风格，新的互联网学院大楼展现现代气息。鸣磬广场开阔，雕塑气势恢宏。红楼位于菱湖岸边，周边风景秀丽，与菱湖相互映衬，更具文化韵味和历史底蕴。鹅池宁静，倒映美景。"春晖亭"周边到处是绿树花丛，香樟树与亭子相互映衬，形成了一道独特的风景。

学术专长

　　安徽大学在科研方面不断进取。"光电信息获取与处理教育部重点实验室"突破柔性屏核心技术瓶颈；"生物资源保护与利用安徽省重点实验室"致力于濒危物种基因库建设，维护生态多样性平衡。安徽大学师生为区域经济与社会发展提供强有力的技术支撑与智力支持，彰显高校的社会责任与时代担当。

　　入安徽大学，在适之楼欢歌，于鹅池畔漫步，青春正飞扬。

广西

广西大学

综合类　"211工程"　"双一流"

广西大学，成立于 1928 年，初称"广西省立第一大学"。此后，1939 年更名为"国立广西大学"。在发展历程中，历经多次调整与合并。校训为"勤恳朴诚、厚学致新"。在近百年的岁月里，为国家培养了大批优秀人才，在多个领域发挥着重要作用。

优秀校友

广西大学拥有众多杰出校友。比如，魏乃文研究的巨浪 I 号固体潜地战略导弹及潜艇水下发射获 1985 年国家级科技进步奖特等奖；党鸿辛是中国固体润滑学科的主要开拓者与学术带头人。他们以各自的贡献为母校增光添彩，激励着后辈学子奋发向前。

校园氛围

广西大学创新与跨学科学习氛围浓厚。"亚热带农业生物资源保护与利用国家重点实验室"深耕作物遗传改良；"糖业协同创新中心"聚力化工与生物学，革新甘蔗产业链。这些跨域合作项目旨在培养学生多元视角，促进知识边界拓展。

校园风采

广西大学的校园建筑与园林景观如绚丽画卷，魅力十足。君武馆庄重肃穆，承载历史底蕴。大礼堂历史气息浓郁，见证诸多重要时刻。图书馆现代大气，知识海洋任遨游。第六教学楼极具现代化，设施先进。机械楼造型独特。"碧云湖"似明珠，湖水清澈，垂柳摇曳。"劝学岛"绿树成荫，漫步其间，感受宁静与美好。世纪广场开阔，建筑与花草相映。荷花池夏日荷花绽放，美如画卷。水塔矗立，彰显历史韵味。

学术专长

广西大学在科研方面不断创新。"亚热带农业生物资源保护与利用国家重点实验室"致力于农业生物资源研究，推动农业产业发展；"可再生能源材料协同创新中心"聚焦新能源材料研发，为可持续发展提供支撑；"海洋学院珊瑚礁保护与修复中心"守护南海生态屏障，促进蓝色经济繁荣。这些卓越的研究平台为地方经济社会进步与生态文明建设添砖加瓦。

入广西大学，受师恩润泽，汲知识源泉，以青春之姿舞流年。

142

海南大学

综合类　"211工程"　"双一流"

　　海南大学，成立于 1958 年，初称"华南热带作物学院"。2007 年合并组建成"海南大学"。校训为"海纳百川，大道致远"。在六十多年发展历程中，为国家培养众多人才，在热带农业等领域成绩斐然。

优秀校友

　　海南大学拥有众多杰出校友。比如，林辰涛为植物基因调控机制提供了新见解；郑学勤在橡胶研究方面贡献卓越，推动了我国橡胶产业的技术进步；何朝族在微生物学领域不断探索，为相关领域的应用研究奠定了基础。他们以出色的成就为学校增光添彩。

校园氛围

　　海南大学倡导创新协作与学术多元。"南繁种质资源分子设计育种中心"共创农作物良种；"海洋信息处理与应用技术教育部工程研究中心"探索智慧海疆。这些跨学科项目激励师生突破界限，于交叉领域挖掘潜力，展现海大教育理念中的实践与融合精神。

校园风采

　　海南大学的校园建筑与园林景观如绚丽画卷，魅力非凡。思源学堂庄重典雅，艺术与学术融合。文化柱庄重肃穆，承载教育期望。石头楼古朴典雅，见证知识传承。图书馆资源丰富，是知识的宝库。农科楼尽显自然与科技气息。"东坡湖"似明珠，湖水清、垂柳依。起点草坪开阔，建筑与花草相映。"情人廊"浪漫恬淡，椰林小道尽显热带风情。"荷花池"夏日绽放美丽，晚霞绚丽为校园添彩。

学术专长

　　海南大学在科研方面积极进取。"热带生物资源教育部重点实验室"致力于热带生物资源研究与保护，推动生态可持续发展；"南海海洋资源利用国家重点实验室"专攻深海生物活性物质提取，开发生物医药新源泉；"海岛能源与环境研究院"钻研清洁能源转化，应对气候变化挑战。这些尖端平台为海洋经济实现高质量增长注入强劲动力。

　　来海大求学，焕活力青春，探知识奥秘，让青春在校园绽放。

甘肃

兰州大学

综合类　"211工程"　"985工程"　"双一流"

　　兰州大学，成立于 1909 年，初称"甘肃法政学堂"。1928 年改名为"兰州中山大学"。1946 年定名为"国立兰州大学"。校训为"自强不息、独树一帜"。在百余年历程中，兰大坚守西部，为国家培养了无数栋梁之材，在科研等多领域成就斐然。

优秀校友

　　兰州大学拥有众多杰出校友。比如，秦大河在冰川学和气候变化领域成就非凡，为全球气候研究作出重大贡献；水均益以深入的新闻报道和敏锐的洞察力闻名；李吉均在地貌学与第四纪地质学方面成果显著。他们的功绩推动着行业发展与进步。

校园氛围

　　兰州大学崇尚跨界协作与学术探索，师生活跃于多元项目之中。"西部环境考古与中华文明形成"课题揭示古文明脉络；"核物理与加速器技术"研究，集结物理学与工程技术，探寻微观宇宙秘密。通过此类跨学科交流，兰州大学师生共同书写科技进步与文化传承的新篇章。

校园风采

　　兰州大学的校园建筑与园林景观如绚丽画卷，魅力非凡。积石堂庄重肃穆，是知识的殿堂。天山堂现代化，教室宽敞。杏林楼彰显医学特色，齐云楼与观云楼各具功能。校史馆内，历史的脉络清晰可寻。昆仑堂前广场开阔，建筑与花草相映。"毓秀湖"湖水澄澈，湖边翠柳成荫，湖心岛与烈士亭增添了人文气息。"三棵松"则静静伫立在校门口，成为学子们心中独特的地标，共同构成了兰大独特的风景线。

学术专长

　　兰州大学科研成就瞩目。"草地农业生态系统国家重点实验室"优化草畜平衡机制，促进生态农牧业升级；"泛第三极生态环境与气候变化前沿科学中心"解析高原生态演变，应对气候变化挑战；"磁学与磁性材料教育部重点实验室"推动磁学技术发展。这些科研高地，不仅展示了兰州大学的学术深度与广度，更为实现可持续发展目标贡献力量。

　　赴兰州大学，燃梦想之火，攀高峰志向坚，铸辉煌未来时。

宁夏大学

综合类 "211工程" "双一流"

宁夏大学，成立于1958年，由宁夏师范学院、宁夏农学院和宁夏医学院三校合并组建而成。此后，历经多次调整与发展，成为今天的宁夏大学。校训为"尚德、勤学、求是、创新"。在六十多年的历程中，宁夏大学为国家培养了大量优秀人才。

优秀校友

宁夏大学拥有许多杰出校友。比如，赵宏伟先后在中央教育台"家有考生"栏目做了"有机化学""氧化还原"等多个主题讲座；韩有为主要著作是《水土流失和可持续发展》；季生福主要研究方向为低碳烷烃的活化和催化转化。他们以出色成就为母校增光添彩。

校园氛围

宁夏大学鼓励跨学科学习。"智能感知与物联网技术"共探智能化监测新途径；"葡萄酒产业关键技术集成与示范"课题，联合农学、化学专家，精进酿造工艺，提升产业竞争力。这种多学科交融的科研模式，有效激发师生创造力，加速技术创新与应用转化。

校园风采

宁夏大学的校园建筑与园林景观如绚丽画卷，魅力十足。贺兰山校区科技楼庄重大气，彰显科研实力。文萃校区教学楼宽敞明亮。怀远校区图书馆造型别致。拐角楼承载着历史的厚重，俄式风格独具魅力。逸夫图书馆资源丰富，为学子们提供知识的滋养。明远楼里知识流淌，大益爱心茶室充满古风韵味。"金波湖"似明珠，湖水清、垂柳依。德勤楼前广场开阔，建筑与花草相映。凌云广场上"奋飞"女神像激励着学子们向上。

学术专长

宁夏大学立足地方特色，科研成果显著。"煤炭高效利用与绿色化工省部共建国家重点实验室培育基地"突破煤化工关键技术，引领清洁生产潮流；"旱区现代农业水资源高效利用教育部重点实验室"优化灌溉技术，提升农业水分利用效率；"西北土地退化与生态恢复国家重点实验室培育基地"致力于生态恢复研究。这些创新实践，不仅强化了宁大的科研地位，更促进了区域经济社会的绿色发展。

到宁夏大学，访知识殿堂，逐学术浪潮，书热血华章壮丽。

内蒙古

内蒙古大学

综合类 "211工程" "双一流"

内蒙古大学，成立于1957年。1959年，内蒙古师范学院生物系等部分专业分出，正式组建成"内蒙古大学"。校训为"求真务实"。多年来，内蒙古大学为国家和地区培养了大量优秀人才，在民族文化研究等诸多领域成果斐然。

优秀校友

内蒙古大学优秀校友众多。比如，旭日干成功培育出世界首例试管山羊，为生物科学领域作出重大贡献；白音门德对蒙古语的传承和发展起到积极推动作用；乌恩其为草原生态平衡提出诸多有效方案。他们以卓越成就为母校增光添彩。

校园氛围

内蒙古大学倡导跨学科教育，孕育创新思维。"稀土资源与应用研究中心"开拓新材料应用前景；"北方干旱半干旱地区生态环境建设与保护"项目探索生态修复策略。这些融合性科研平台，激励师生打破学科壁垒，共同探索科技与自然和谐共生之道。

校园风采

内蒙古大学的校园建筑与园林景观如绚丽画卷，魅力非凡。校本部理工楼庄重典雅，教室与设备先进。文史楼人文气息浓郁。综合楼风格独特，是理科学院的聚集地。成吉思汗青铜像及广场彰显文化底蕴，艺术楼别具风格。图书馆规模宏大，文献丰富，为学子提供广阔知识天地。文体馆则充满活力，各类活动在此举办。"桃李湖"似明珠，湖心岛与亭相映成趣，周边建筑环绕，四季皆美。

学术专长

内蒙古学术成果丰硕。"草原家畜生殖调控与繁育国家重点实验室"深研畜牧业生物技术，提升动物繁殖效率；"沙漠化防治与荒漠化治理研究所"致力于生态恢复，守护绿洲防线；"蒙古族文化数字化研究中心"积极推进民族文化的数字化传承与创新。这些尖端科研项目，既凸显了内蒙古大学的学术贡献，也对促进地方经济与社会健康协调发展具有深远意义。

在内蒙古大学，受教育熏陶，塑优秀品格，成栋梁之材。

青海大学

综合类 "211工程" "双一流"

青海大学，成立于1958年，初称"青海工学院"。后历经发展，1960年，与青海农牧学院、青海医学院、青海财经学院合并为"青海大学"。校训为"志比昆仑，学竞江河"。在六十多年的历程中，青海大学为国家培养了众多优秀人才，在高原生态等领域成果突出。

优秀校友

青海大学优秀校友有很多。比如，王光谦提出的全流域水沙调控理论，为解决黄河等流域的水沙问题提供了重要思路；格日力对高原低氧适应机制的研究，为高原地区人民的健康保障提供了科学依据。他们以杰出成就为学校增光添彩。

校园氛围

青海大学秉持跨界融合的教学理念，激发创新潜能。"青稞优质高效生产关键技术集成与示范"课题优化农作物种植体系；"高原特色生物资源开发与利用"课题探索生物产业价值。这些实践平台促进了知识交融，开阔了青海大学师生的学术视野，提高了创新能力。

校园风采

青海大学的校园建筑与园林景观如绚丽画卷，魅力十足。科技馆庄重大气，凸显科研成就。财经学院教学楼宽敞明亮，医学院大楼神圣庄严。逸夫楼和智慧大厦如同知识的港湾，承载着各学科教学与研究的重任。综合体育中心活力四溢，洋溢着青春的气息。图书馆古朴典雅，知识的海洋在此汇聚。棠梨路春天梨花如雪，美不胜收；夏天油菜花田金黄灿烂，格桑花海鲜艳夺目。

学术专长

青海大学依托地域优势，科研成就瞩目。"三江源生态与高原农牧业国家重点实验室"深入研究高寒生态系统，守护生态安全屏障；"盐湖化工综合开发利用国家地方联合工程研究中心"突破盐湖资源综合利用技术，推动循环经济；"藏药现代化技术教育部工程研究中心"加速传统医药现代化进程。这些创新项目为区域生态文明建设和经济发展注入强劲动力。

入青海大学，拥高原壮阔胸怀，逐梦想璀璨星辰，书辉煌人生篇章。

西藏

西藏大学

综合类 "211工程" "双一流"

西藏大学，成立于 1951 年，初称"藏文干部训练班"。1985 年正式更名为"西藏大学"。校训为"团结、勤奋、求实、创新"。在七十多年的发展历程中，为西藏地区培养了大量优秀人才，在高原科学等领域成就突出。

优秀校友

西藏大学优秀校友众多。比如，尼玛扎西致力于青稞育种研究，培育出多个优良品种；强巴央宗在藏医药领域成果显著，推动藏医药传承与发展；次仁罗布在文学创作方面成就斐然，其作品展现了西藏的独特魅力。他们以卓越成就为学校增添光彩。

校园氛围

西藏大学弘扬跨界合作与学术探索，师生成为多学科交融的先锋。"青藏高原气候变化及其影响评估"项目揭示高海拔气候奥秘；"藏药材资源开发及质量控制"课题传承与发展藏医文化精髓。这些创新实践深化了对本土文化的理解和科技创新的应用。

校园风采

西藏大学的校园建筑与园林景观如绚丽画卷，魅力非凡。纳金校区现代化建筑林立，教学楼、图书馆等设施完备。河坝林校区历史底蕴深厚，文化氛围独特。罗布林卡医学院校区专注医学教研，

罗布林卡财经学院校区侧重财经领域。艺术学院大楼艺术气息浓郁。"卓玛湖"似明珠，周边绿树花草相伴。"格桑花田"盛开时五彩斑斓，美不胜收。藏式风格的教学楼和亭子等建筑景观，展现着浓郁民族文化特色。

学术专长

西藏大学学术成果丰硕。"藏文信息技术研究中心"在民族语言数字化方面取得重大突破；"藏医药古籍文献数字化保护与传承基地"为珍贵文化遗产搭建数字桥梁；"青藏高原冰川变化监测与评估中心"为生态保护提供数据支撑；"高原作物分子育种与改良实验室"致力于培育适应极端条件的新品种。这些创新成果为促进区域可持续发展提供了有力支持。

在西藏大学，踏高原求学之路，嗅格桑花香四溢，铸辉煌人生伟业。

新疆大学

综合类　"211工程"　"双一流"

新疆大学，成立于1924年，初称"新疆俄文法政专门学校"。1960年正式定名为"新疆大学"。校训为"团结、紧张、质朴、活泼"。在百年的发展历程中，为国家和新疆地区培养了大批优秀人才。

优秀校友

新疆大学优秀校友众多。比如，吾守尔·斯拉木创建多语种信息处理体系；贾承造在塔里木盆地石油勘探中贡献巨大；阿布都沙拉木在暗物质探测领域成果斐然；姚洪斌在凝聚态物理及相关研究中成绩突出。他们以卓越成就为学校增光，激励着学子们奋发向前。

校园氛围

新疆大学弘扬创新协作之风，"塔里木盆地油气资源高效勘探开发"项目汇聚地质学与工程技术智慧；"南疆特色林果业提质增效关键技术集成示范"项目，联动农学与生态学。这些科研项目激励师生在知识交汇点碰撞灵感，共绘科技创新蓝图。

校园风采

新疆大学的校园建筑与园林景观如绚丽画卷，魅力十足。红湖校区科技楼庄重大气，科研成就斐然。博达校区教学楼宽敞明亮。友好校区图书馆造型别致。红湖似明珠，湖水清、垂柳依。校史馆（原解放楼）散发着浓厚的历史气息，苏式建筑风格别具韵味。钟楼矗立校园中心，整点报时声悠扬。校园内的植物园也是一道亮丽风景，各类植物汇聚，兼具教学科研与观赏价值。红湖如明珠般闪耀，湖水清澈，岛上亭子与周边绿树相映成趣。

学术专长

新疆大学学术成果丰硕。"干旱区生态水利工程研究中心"致力于解决干旱区水资源问题，推动生态可持续发展；"中亚地缘政治研究中心"深入研究中亚地区政治经济，为国家战略提供智力支持；"新能源材料与器件工程实验室"开发清洁能源技术，促进能源结构绿色转型。这些前沿探索为地区乃至全球面临的挑战提供了创新解决方案。

来新疆大学，入科研天地，逐知识前沿，成栋梁之材。

石河子大学

综合类　"211工程"　"双一流"

石河子大学，成立于 1949 年，初称"中国人民解放军第一兵团卫生学校"。1996 年由多所学校合并组建成"石河子大学"。校训为"明德正行，博学多能"。在七十多年的发展中，为国家培养了大量优秀人才。

优秀校友

石河子大学优秀校友众多。比如，刘守仁培育出中国美利奴羊，填补了国内细毛羊育种空白；曹连莆教授在作物遗传育种方面成果显著，选育出多个优良品种；曾鹏为戍边兴疆、乡村振兴的发展贡献自己的力量。他们以杰出成就为学校增光添彩。

校园氛围

石河子大学崇尚创新教育与学术包容，师生携手跨域钻研。"兵团特色作物高效栽培与智慧农业"项目融汇农学与信息技术；"边疆文化与社会发展研究"课题交织历史学与社会学视角。这些科研项目共同推动科学研究与社会应用的双重进步。

校园风采

石河子大学的校园建筑与园林景观如绚丽画卷，魅力非凡。东校区活力满满，经济与管理学院尽显风采。南校区药学院和医学院潜心学术。北校区众多学院云集，博学楼庄重大气，教学设施先进。中校区体育学院等学院蓬勃发展。校园内，东湖毗邻图书馆，湖水清澈，书香湖静谧优雅，农学院试验田生机勃勃。图书馆集多种功能于一体，承载着丰富的知识资源。独特的"裤衩楼"（会一楼）别具一格，引人注目。

学术专长

石河子大学学术成果丰硕。"绿洲生态农业重点实验室"致力于绿洲农业生态研究，推动可持续发展；"南疆特色果蔬保鲜与加工工程技术研究中心"突破食品科学，延长农产品货架期，赋能乡村振兴；"西域历史文化研究所"深化丝绸之路学术研究，增进文化交流互鉴；"农业遥感与智能装备实验室"优化农田管理，提升农业生产效率。这些尖端项目促进了地方经济社会的持续进步与繁荣。

来石河子大学，在知识海洋遨游，于学术天地攀登，创美好未来篇章。